Barbara und Markus Hänni

mit Beate Rygiert

Weil jeder Atemzug zählt

Weil jeder Atemzug zählt

Barbara
& Markus
Hänni
mit
Beate
Rygiert

Die Geschichte zweier Menschen,
die der Liebe mehr zutrauen
als der Vernunft

adeo

„Wir können viele Situationen nicht beeinflussen,
aber wir können entscheiden,
wie wir mit der Situation umgehen."

Barbara Hänni

„Liebe ist auch immer ein bisschen Arbeit."

Markus Hänni

INHALT

PROLOG

BARBARA

Ligurien, im April 2017 – Ich werde davon wach, dass Markus hustet. Daran bin ich gewöhnt, und normalerweise weckt mich das schon lange nicht mehr auf. Doch dieses Mal klingt es anders als sonst, härter, bellender. Dazwischen bekommt er kaum Luft.

„Markus", frage ich ihn, „kann ich etwas für dich tun?"

Ich bekomme keine Antwort. Der Husten hört sich qualvoll an und wird immer schlimmer.

Im Zimmer nebenan schlafen die Zwillinge. Ich lausche zu ihnen hinüber, dort bleibt alles still. Aber neben mir ringt Markus zwischen den Hustenattacken nach Atem. Langsam beginne ich, mir Sorgen zu machen.

Wir sind im Ferienhaus meiner Familie in Italien, und eigentlich sollte ich mich in diesem Urlaub dringend erholen. Ich arbeite als stellvertretende Stationsleiterin auf der Onkologie, die vergangenen Wochen waren wirklich anstrengend. Neben meiner Fünfzigprozentstelle organisiere ich unseren Haushalt, regle alles Notwendige mit der Nanny, die während meiner Abwesenheit nach den zweieinhalbjährigen Mädchen schaut. Ich entlaste Markus, wo es nur geht. Denn Markus leidet unter der angeborenen Stoffwechselstörung Mukoviszidose und ist aufgrund der Begleiterscheinungen dieser bis heute unheilbaren Krankheit wenig belastbar. Sich am Leben zu erhalten ist für ihn oft Aufgabe genug. Markus ist siebenunddreißig Jahre alt. Die statistische Lebenserwartung von Menschen mit Mukoviszidose liegt zurzeit ungefähr bei diesem Alter.

Ich lege meine Hand auf seinen Rücken. Markus hat sich aufgesetzt, sitzt vornübergebeugt am Bettrand. Ich fühle, wie der Hustenanfall seinen ganzen Körper erschüttert. Er kann nicht sprechen, nach Luft zu ringen kostet ihn seine ganze Kraft.

Ich stehe auf und setze Wasser für einen Tee auf. Ich weiß zwar, dass ihm das nicht helfen wird, aber etwas muss ich tun.

Es ist frustrierend, dass selbst ich als Pflegefachfrau, wie bei uns in der Schweiz der Beruf der Krankenschwester genannt wird, ihm nicht helfen kann. Und so gebe ich ein paar Blätter von der Verbene, die hier üppig im Garten wächst, ganz in der Nähe des prächtig blühenden Hibiskusstrauchs, den er anlässlich unserer Hochzeit gepflanzt hat, in eine Kanne und übergieße sie mit dem kochenden Wasser.

„Wenn dies nur nicht die ersten Anzeichen eines Infekts sind", denke ich. Das könnte sonst schnell ernst werden und nur durch intravenöse Antibiotika, unter Umständen bei einem Spitalaufenthalt, in den Griff zu kriegen sein.

Markus fühlt sich schon seit zwei Wochen nicht sonderlich gut. Er war die ganze Zeit über schwach und energielos, und das ist bei ihm ein schlechtes Zeichen.

Der Hustenanfall hat noch immer nicht aufgehört, jetzt quält sich Markus schon fast eine Stunde damit herum. Meine Gedanken arbeiten fieberhaft. Was ist zu tun? Sollten wir den Urlaub abbrechen und gleich nach Tagesanbruch nach Hause fahren, damit er seinen Arzt aufsuchen und sich im Spital behandeln lassen kann, ehe sich sein Zustand zu einer ernsthaften Krise zuspitzt?

In meinem Kopf laufen wie in einem Film verschiedene Szenarien ab: Wie schnell kann ich packen? Welche Lebensmittel sind noch im Kühlschrank? Welchen Wochentag haben wir heute überhaupt? Und wenn wir zu Hause sind – wen muss ich verständigen? Meine Mutter vielleicht, damit sie mir hilft, wenn wir ankommen mit zwei kleinen Kindern? Solange es Markus so schlecht geht, kann er mir nicht helfen.

Während ich versuche, diese Krise, falls es denn eine sein sollte, so pragmatisch wie möglich zu managen, schlucke ich das Gefühl von Enttäuschung hinunter. Ich habe mich so auf diesen Urlaub gefreut. Wir sind gerade erst vor ein paar Tagen angekommen. Das Wetter ist herrlich. Und ich hätte die Alltagspause so dringend nötig.

Ich bringe Markus Tee, stelle die Tasse auf seinen Nachttisch. Dann ebbt der Husten langsam ab, Markus kann wieder besser atmen. Endlich. Erschöpft lässt er sich zurück aufs Kissen fallen. Ich lege mich neben ihn und streichle sein lockiges Haar, nehme seine Hand. Wir sprechen nicht. Sprechen ist viel zu anstrengend. Stattdessen halte ich ihn fest in meinen Armen und fühle, wie sein aufgepeitschter Körper sich nach und nach beruhigt.

„Glaubst du, wir sollten nach Hause fahren?", frage ich schließlich leise, als er wieder ruhiger atmen kann und nur noch hin
und wieder husten muss.

Doch Markus schüttelt den Kopf.

„Es geht schon wieder", sagt er. „So schlimm ist es nicht."

Ich bin noch nicht überzeugt. Die Sorge um sein Wohl und
das unserer kleinen Familie hält mich wach. Sie ist seit vielen
Jahren mein ständiger Begleiter, seit ich mich dazu entschloss,
meinem Herzen nachzugeben und einen Mann zu heiraten,
der unheilbar krank ist. Als mir Markus' ruhiger werdender
Atem jedoch zeigt, dass er eingeschlafen ist, beschließe ich, die
Entscheidung, ob wir bleiben oder den Urlaub abbrechen müssen, auf morgen zu vertagen.

MARKUS

Es ist keine schwere Krise. Ich glaube ganz fest daran. Zumal ich
seit Beginn des Jahres dieses neue Medikament bekomme, auf
das ich große Hoffnungen setze. Es kann einfach keine Krise sein.
Irgendetwas hat meine Lungen gereizt, es fühlt sich an, als würde
eine Horde Ameisen in ihr herumkrabbeln. Nachdem der schlimme Anfall überwunden ist, bin ich sehr erschöpft und schlafe tief
und fest.

Am anderen Morgen stelle ich überrascht fest, dass Barbara schon hier und dort angefangen hat, ein paar Sachen einzupacken.

„Was machst du denn?", frage ich sie bestürzt.

Sie schaut mich sorgenvoll an und meint: „Denkst du nicht, wir sollten nach Hause fahren?"

Ich sehe in ihre Augen, die ich so sehr liebe. Niemand hat solche Augen. Manchmal sind sie klar und braun und manchmal schimmern sie wie Mondsteine, je nach Stimmung, je nach Lichteinfall. Jetzt sind sie voller Sorge. Und auch ein wenig enttäuscht. Ich weiß, wie viel ihr dieser Urlaub bedeutet. Und dennoch. Keiner kennt mich so gut wie Barbara, keiner ist mir so nah. Mitunter weiß sie besser, was gut für mich ist, als ich selbst. Ob sie auch dieses Mal recht hat? Sollten wir tatsächlich aufbrechen?

„Was meinst du?", hakt sie nach.

„Ich weiß es nicht", antworte ich ehrlich. Und schon muss ich wieder husten. Mich hinsetzen. Ich fühle mich so schwach.

Ich sehe meiner Frau dabei zu, wie sie mit den Kindern frühstückt. Die drei bedeuten mein ganzes Glück, es gibt nichts Schöneres, als ihr Lachen zu hören, ihrem ausgelassenen, unbeschwerten Spiel zuzusehen. Wie lange werde ich sie noch begleiten dürfen? Wie lange werden sie noch ihren Vater haben?

Am Mittag stellt mir Barbara erneut die Frage.

„Müssen wir fahren?"

Ich habe nicht bemerkt, dass sie sich schon den ganzen Vormittag auf das scheinbar Unvermeidliche vorbereitet hat. Der Kühlschrank ist leer. Die Proviantasche gepackt.

„Ich finde, wir sollten jetzt eine definitive Entscheidung treffen", drängt sie. „Entweder fahren wir am Nachmittag, dann schlafen die Kinder die meiste Zeit während der Fahrt. Oder wir bleiben wirklich hier. Bitte triff eine Entscheidung!"

Ich kann sie gut verstehen. Wie soll sie den Urlaub genießen mit der ständigen Befürchtung, jederzeit aufbrechen zu müssen? Also horche ich in mich hinein. Was sagt mein Körper mir?

„Ich glaube nicht", sage ich schließlich, „dass ich eine intravenöse Antibiotikakur brauche."

„Dann können wir genauso gut hierbleiben", meint Barbara.

Ich stimme ihr zu. Die Meeresluft tut meinen Lungen gut. Und irgendwann muss dieser Hustenreiz Ruhe geben.

An diesem Abend kommen meiner Frau beim Anblick der Abendstimmung über dem weiten Horizont die Tränen. Barbara erzählt mir hinterher davon. Ich weiß, wie sehr sie unter der ständigen Anspannung leidet, die meine Krankheit mit sich bringt. Die meiste Zeit über ist sie unfassbar stark, ein Fels in der Brandung, optimistisch und unterstützend. Aber natürlich hat auch sie Momente der Schwäche. Angesichts des traumhaften Panoramablicks über das Meer in dieser wunderschönen Abendstimmung brechen sich die Emotionen in ihr Bahn. Vielleicht denkt sie auch: Es könnte so schön sein. Wenn nur nicht ständig diese Bedrohung wäre.

01
Best friends

BARBARA

Als junges Mädchen hatte ich von der Liebe wahrscheinlich dieselben romantischen Vorstellungen wie andere Gleichaltrige auch. Eines Tages würde ich dem Mann meines Lebens begegnen und sofort wäre alles klar. Die berühmten Schmetterlinge im Bauch würden jeden Zweifel verscheuchen, ich wüsste einfach: Dieser Mann und kein anderer wird mich glücklich machen. Eben genau so, wie es uns die erfolgreichen Hollywoodstreifen immer und immer wieder vorgaukeln. Man überwindet äußere Schwierigkeiten und am Ende steht das Happy End. Und ebenso happy spielt sich selbstverständlich das ganze weitere Leben ab.

Ich gehöre eher zum rationalen Menschenschlag, und deswegen kamen mir schon auf dem Weg zum Erwachsenwerden an diesem Liebeskonzept einige Zweifel. An meinen Eltern konnte ich beobachten, dass eine gute Ehe viel Einsatz braucht und den festen Willen, sich die Liebe im Alltag zu erhalten. Die beiden führten ein über die Grenzen der Schweiz hinaus bekanntes und mit siebzehn Gault-Millau-Punkten und einem Michelin-Stern ausgezeichnetes Gourmetrestaurant und erwiesen sich nicht nur dabei als ausgezeichnetes Team. Bis heute im längst verdienten Ruhestand verbindet sie immer noch eine tiefe Liebe. Ich denke, von Anfang an hatten sie außer der Zuneigung zueinander auch ein gemeinsames Lebensziel: Das Restaurant „Krone" in Bätterkinden von meinem Großvater zu übernehmen, ihr Bestes zu geben, um einen

Ort zu erschaffen, an dem andere Menschen sich wohlfühlen können.

Sicherlich habe ich schon als Heranwachsende in dieser Umgebung unbewusst verinnerlicht, dass eine gemeinsame Vision ein Paar fest zusammenschweißen kann. Auch wenn meine Eltern nicht übermäßig viel Zeit für mich und meine vier Jahre ältere Schwester hatten, so verlebte ich eine glückliche, geborgene Kindheit. Unsere gemeinsame Familienzeit war intensiv und liebevoll, und meine Eltern vermittelten uns nicht nur ein Gefühl für Qualität und Perfektion, sondern auch den christlichen Glauben als Grundlage für ihre Sicht auf die Welt. Dazu gehörte auch unsere Stille Zeit, wo gebetet und in der Bibel gelesen und über das Gehörte miteinander diskutiert wurde. Obwohl ich diese Stillen Zeiten während meines Teenageralters hin und wieder als ein Muss erlebte, so wuchs doch mein Interesse am Glauben, je älter ich wurde.

So kam es, dass ich später zufälligerweise dieselbe Kirchengemeinde besuchte wie Markus, und ihn aus der Ferne schon lange kannte, ehe er mich überhaupt wahrnahm. Das soziale Leben spielt in unserer Gemeinde eine große Rolle mit zahlreichen kulturellen Veranstaltungen, in denen sich Markus bis heute leidenschaftlich als Schauspieler, Autor und Regisseur von Theaterstücken und Musicals engagiert. Jeder wusste von seiner Krankheit, auch wenn er selbst damit sehr diskret umging. Das brauchte einem niemand zu sagen, es war klar, dass er nicht gerne darüber sprach.

Mich jedoch interessierte das Thema Mukoviszidose brennend, denn ich hatte vor meiner Ausbildung zur Pflegefachfrau meine Abschlussarbeit auf der Diplommittelschule über diese Erbkrankheit geschrieben. Ob das wohl reiner Zufall war – oder eher Führung?

Ich kam auf das Thema, weil eine der Köchinnen im Restaurant meiner Eltern unter dieser Krankheit litt. Ihren konkreten Fall behandelte ich in meiner Arbeit. Leider starb sie vor zwei Jahren im Alter von fünfundvierzig Jahren, ein Schicksal, das lange Zeit für die meisten Mukoviszidosepatienten unausweichlich schien.

Unheilbar kranke Menschen kommen in den üblichen Hollywoodromanzen vielleicht in den Nebenrollen vor, aber als sogenannte *love interest*, also als Held, in den sich die weibliche Hauptdarstellerin verliebt, eher nicht. Um es mal ganz krass auszudrücken: Die gemeinsame Perspektive ist für ein Leben à la Hollywood einfach zu kurz.

Lange galt, dass Mukoviszidosepatienten kaum älter als dreißig Jahre werden können. Als ich Markus kennenlernte, war er schon Ende zwanzig. Vernünftig, wie ich war, kam ich erst gar nicht auf die Idee, mich in ihn zu verlieben.

Obschon er mich von Anfang an faszinierte. Markus ist ein attraktiver Mann mit einer außergewöhnlichen Ausstrahlung. Jeder mochte ihn gern. Wenn er auf der Bühne steht, sprüht er nur so, und sein feiner Humor gefiel mir gleich. Doch ich war Anfang zwanzig, das Leben lag vor mir und Markus war nicht der einzige interessante Mann in meinem Umfeld.

Damals durchlebte ich gerade diese typische Phase einer jungen Frau, die ihre Chancen beim männlichen Geschlecht behutsam austestete, mit aller notwendigen Vorsicht. Noch hatte ich mich auf keine feste Beziehung eingelassen. Diese Herzensangelegenheiten waren mir viel zu wichtig, um allzu leichtfertig an diese Dinge heranzugehen. Wenn ich mich schon auf einen Mann als Partner einlassen sollte, dann wollte ich auch das Gefühl haben, dass aus der Beziehung etwas Ernstes entstehen könnte.

Ich war nicht der Typ, der wie ein Schmetterling von einem Mann zum nächsten flattert, ganz im Gegenteil, das war nie meine Art. Meine Antennen allerdings waren weit ausgefahren, und es war natürlich schmeichelhaft, wenn ich bemerkte, dass sich ein Mann für mich interessierte. Diese kleinen Blicke, die unausgesprochenen Schwingungen des Werbens, das konnte ich durchaus genießen. Aber festlegen wollte ich mich noch nicht.

In unserer Gemeinde treffen wir uns unter der Woche in *smallgroups*. Ein schöner Ort, um sich besser kennenzulernen und Leben und Glauben zu teilen. Und plötzlich fand ich mich in der gleichen Gruppe wie Markus wieder.

Wir kamen miteinander ins Gespräch und stellten fest, dass wir uns eine Menge zu sagen hatten und uns überaus sympathisch fanden. Markus bot an, mich nach den Treffen nach Hause nach Bätterkinden zu fahren, und bald wurde daraus eine lieb gewonnene Gewohnheit. Wir redeten und redeten, und da uns die halbstündige Fahrzeit nicht ausreichte, saßen wir regelmäßig ein bis zwei Stunden in Markus' Auto vor unserem Haus, ehe wir uns verabschiedeten. Dass er mich mochte, war offensichtlich, und das tat mir gut. Wir wurden beste Freunde, und ich stellte fest, dass ich mit Markus noch offener reden konnte als sogar mit manchen meiner Freundinnen …

MARKUS

Es war für mich nichts Neues, für junge Frauen so etwas wie ein Seelentröster zu sein. Der sprichwörtliche gute Freund, dem man sein Herz ausschütten konnte, der die Gabe hatte, zuzuhören und der oftmals einen Rat wusste. Nachdem eine Beziehung aufgrund der Einschränkungen durch meine Krankheit gescheitert war, hatte ich schweren Herzens die Hoffnung auf Ehe oder gar Familiengründung aufgegeben. Oder vielleicht doch nicht? Natürlich hatte ich mir immer gewünscht, eines Tages einer Frau zu begegnen, der ich meine Liebe schenken könnte. Schließlich bin ich in einer überaus liebevollen Familie aufgewachsen und nichts lag näher, als mir selbst eine solche zu erträumen. Und war es wirklich wider alle Vernunft, dass das Unmögliche wahr werden könnte? In meinem Leben hatte es schon so viele scheinbare Unmöglichkeiten gegeben, die sich am Ende als möglich herausgestellt hatten. Warum also nicht auch in der Liebe?

Doch zunächst sah es nicht danach aus. Die Frauen, mit denen ich mich gut verstand, zogen mich nicht als Partner in Betracht, sondern immer wieder fand ich mich in der Rolle eines Vertrauten, mit dem man alles besprechen konnte. So auch mit Barbara. Wir redeten an jenen Abenden in meinem Auto über alles Mögliche und fanden überhaupt kein Ende. Dabei war es gar nicht so, dass ich mich sofort in sie verliebte. Ich sah in ihr zunächst lediglich eine liebe Freundin. Mehr nicht.

Bis sie mich eines Tages auf die Seite nahm und sagte: „Eines möchte ich gerne klären, Markus, damit keine Missverständnisse zwischen uns entstehen. Ich sehe in dir einen richtig guten Freund. Aber mehr kann daraus nicht werden. Nicht dass du dich womöglich in mich verliebst!"

„Nein, nein", beeilte ich mich zu sagen, ein wenig verwirrt über diese unerwartete Eröffnung. „Keine Sorge, ich sehe das genauso. Wir sind *best friends*. Mehr nicht."

„Na", antwortete Barbara erleichtert, „dann ist ja alles gut."

Ich aber blieb an diesem Abend stiller als sonst. Denn irgendwie beschäftigte mich das nun doch. Was Barbara gesagt hatte, behagte mir überhaupt nicht. Und ich stellte fest, dass ich nicht die Wahrheit gesagt hatte. Nicht dass ich absichtlich gelogen hätte, nein, ganz und gar nicht. Aber mir wurde erst jetzt, als Barbara mehr als eine gute Freundschaft so kategorisch ausgeschlossen hatte, bewusst, dass ich tatsächlich mehr für sie empfand. Doch ihr das zu eröffnen, dazu hatte ich noch nicht den Mut ...

BARBARA

Es gab noch einen zweiten jungen Mann, dem ich dasselbe sagte wie Markus. Und in diesem Fall hatte ich gut daran getan, die Karten offenzulegen, denn hier wurde meine Erklärung nicht ganz so gelassen aufgenommen.

Wie ich dazu kam, gleich bei zwei Männern meiner näheren Umgebung derart mit der sprichwörtlichen Tür ins Haus zu fallen? Nun, mir war bewusst geworden, dass ich angefangen hatte, die Aufmerksamkeiten von diesen beiden jungen Männern zu genießen. Sie schmeichelten meinem Ego und bestätigten mich. Als mir klar wurde, dass es wirklich kein besonders löbliches Verhalten war, mit den Gefühlen anderer Menschen zu spielen, um mich selbst aufzuwerten, fühlte ich mich zu dieser Klärung verpflichtet. Denn schließlich war ich davon überzeugt, dass weder Markus noch der andere Freund jemals mehr für mich sein könnten. Also wollte ich ehrlich sein und jegliche Hoffnung gleich im Keim ersticken.

Ein paar Wochen später allerdings geschah etwas, was mich ziemlich verwirrte. Während eines Gesprächs in unserer Gruppe erzählte Markus plötzlich, dass er vielleicht ein, zwei Jahre in London leben wollte. Und zu meinem eigenen Erstaunen fand ich das überhaupt nicht gut. Der Gedanke, dass Markus plötzlich so weit weg sein könnte, behagte mir gar nicht.

Würde er mir etwa fehlen? O ja, das würde er. Sehr sogar. Und wieso hatte er mir, wo wir doch so gut miteinander befreundet waren, von diesem Wunsch überhaupt nie etwas erzählt?

An diesem Abend war es an mir, stiller zu sein als sonst, denn ich hatte einiges, worüber ich nachdenken musste. Schließlich wurde mir klar: Es stimmte überhaupt nicht, was ich Markus gesagt hatte. Er bedeutete mir weit mehr als ein guter Freund. Hatte ich mich etwa in ihn verliebt? Aber nein, das war doch unmöglich!

Sofort schob ich das Aufblitzen dieser Erkenntnis ganz weit von mir. Und da Markus nie wieder davon sprach, nach England ziehen zu wollen, gelang es mir recht gut, das alles zu verdrängen.

Wegen meiner realistischen Art, das Leben zu betrachten, zog ich aus diesen mir so neuen Gefühlen keine Konsequenzen – ich ließ mir Zeit und ließ unsere Freundschaft so weiterlaufen wie bisher. Jedenfalls unternahm ich auch nichts, als mir Markus wenige Wochen später ein Geständnis machte.

„Weißt du, Barbara", sagte er zu später Stunde in seinem Wagen vor unserem Haus in Bätterkinden, „als du mir erklärt hast, dass aus unserer Freundschaft niemals Liebe werden könnte, da hat mich das irgendwie getroffen. Vorher war mir das überhaupt nicht bewusst gewesen, aber als du das so glasklar ausgesprochen hast, hab ich gemerkt, dass ich doch mehr für dich empfinde. Das wollte ich dir nur sagen. Weil ich nicht unehrlich sein möchte."

Wir schwiegen.

Und machten einfach weiter wie bisher. Mir war sehr wohl bewusst, dass ich längst begonnen hatte, mehr Gefühle für Markus zu entwickeln als eine gute Freundin. Und auf einmal stahl sich so ein klitzekleiner Gedanke in meinen Kopf. Der fragte: „Warum eigentlich nicht? Warum nicht Markus? Was spricht denn dagegen?"

02

Den Richtigen findet man selten in Hollywood

BARBARA

Oh, eine Menge sprach dagegen. Jedenfalls listete mein Verstand eine Unmenge an Unmöglichkeiten auf. Was, wenn Markus in einem halben Jahr tot wäre? Wollte ich dann leiden, um ihn trauern? Von meinem Umfeld her kannte ich es nicht anders, als dass eine Beziehung bedeutet, miteinander in die Zukunft zu schauen und langfristige Pläne zu machen. Wie wollte ich mit jemandem Pläne schmieden, dessen Lebenserwartung weit unter meiner lag? Dem die Ärzte in seiner Vergangenheit schon oft einen baldigen Tod prognostiziert hatten?

Nein, das wollte ich natürlich nicht. Und doch ließen sich meine Gefühle für Markus nicht mehr so einfach wegargumentieren. Sie waren da. Und wenn ich auch Emotionen äußerst skeptisch gegenüberstehe und finde, dass man keine Entscheidung und vor allem keine Liebesentscheidung ausschließlich auf der Basis von Gefühlen treffen sollte, so war da immer häufiger jene andere Stimme in mir, die sagte: „Und wenn doch? Was, wenn bei Markus die Prognosen gar nicht zutreffen? Was, wenn seine Lebenserwartung höher ausfällt? Und überhaupt: Kann man sich jemals wirklich sicher sein, dass man gemeinsam alt werden darf, selbst wenn der Partner gesund ist?"

Als angehende Pflegefachfrau hatte ich täglich vor Augen, dass Gesundheit kein Gut ist, das uns garantiert erhalten bleibt. Ich arbeite inzwischen seit vielen Jahren auf der Onkologie, und der Tod gehört zu meinem beruflichen Alltag selbstverständlich dazu. Auch ohne Krebserkrankung kann das Leben eines völlig Gesunden in einer einzigen Sekunde durch einen Unfall ausgelöscht werden.

Der Wunsch einer jungen Frau, mit einem gesunden Mann eine Familie zu gründen, ist nur allzu verständlich. Rechtfertigt dieser Wunsch aber auch, dass man sich gegen eine Liebe entscheidet, nur weil der Partner gesundheitliche „Defekte" aufweist? Widerspricht ein solches Denken nicht unserer Ethik und unserem Verständnis von Menschenwürde? Ist ein kranker Mensch denn weniger wert als ein gesunder?

Ich stellte mir auch noch andere Fragen. Was ist letztendlich wünschenswerter: eine Beziehung, die die Aussicht auf mehrere Jahrzehnte Dauer verspricht und vielleicht nicht ganz so glücklich ist, gegenüber einer, die unter Umständen nur wenige Jahre währt, aber umso erfüllter ist? Was ist wichtiger: Quantität oder die Qualität einer gemeinsam verlebten Zeit?

Das waren alles sehr schwierige Fragen, und ich fühlte mich außerstande, sie auf die Schnelle zu beantworten. Denn außer der Tatsache, dass Markus krank war, beschäftigte mich natürlich die Überlegung, ob Markus wirklich der Mann war, der mich ein Leben lang glücklich machen würde. Dessen Charakter, Interessen und Vorstellungen vom Leben zu meinen passen würden, über unser *Best-friends*-Verhältnis hinaus.

Auf einmal wurde mir bewusst, wie viele Normvorstellungen ich doch mit mir herumtrug. Ich hatte mir beispielsweise immer vorgestellt, einmal einen Akademiker zu heiraten.

Markus aber hatte nicht studiert, aufgrund seiner vielen Fehlzeiten in der Schule und seiner Spitalaufenthalte hatte er „nur" die Hauptschule absolvieren können und danach eine Lehre als kaufmännischer Angestellter gemacht. Zwar schloss er alles mit Bestnoten ab, aber dennoch. Zu mehr haben seine Kraftreserven einfach nicht gereicht. Nie in seinem Leben hatte Markus in Vollzeit gearbeitet, ein Achtstundentag hätte seine Kräfte überstiegen. Und zu dem Zeitpunkt, als wir uns ineinander verliebten, arbeitete er überhaupt nicht mehr, da war er noch keine dreißig Jahre alt. Natürlich verstand ich, dass es ihn alle Kraft kostete, überhaupt am Leben zu bleiben. Und doch entsprach das ganz und gar nicht der Leistungsorientiertheit, mit der ich groß geworden war. Und auch nicht den Vorstellungen, die ich mir von meinem Partner gemacht hatte.

Übrigens hatte auch Markus hohe Anforderungen an einen Ehepartner und Familienvater, doch davon wusste ich damals noch nichts. Wie sehr es ihn seit Jahren quälte, nicht das sein zu können, was man gemeinhin ein „vollwertiges Mitglied unserer Gesellschaft" nennt, wie gerne er sich einbringen wollte und etwas Eigenes erschaffen hätte, das behielt er lange für sich. Wann immer es ihm besser ging, zeigte Markus nach außen seine Sonnenscheinseite, sein strahlendes, charismatisches Wesen. Dann engagierte er sich in der Kirchengemeinde und tat das, was er am meisten liebte: Er spielte Theater, erdachte und inszenierte neue Stücke und Musicals, schrieb Sketche und brachte das alles auf die Bühne. Diese Schaffensphasen wurden irgendwann jäh unterbrochen, seine angegriffenen Lungen infizierten sich wieder einmal und verlangten wochenlange Behandlung und Ruhe. Was nach außen hin für manch einen wie Faulheit wirken konnte, war nichts anderes als verzweifelte Phasen der erzwungenen Untätigkeit.

Markus wusste sehr gut, dass er nicht die klassische Rolle eines Ehemanns übernehmen, nicht der Versorger sein konnte, geschweige denn eine berufliche Karriere vor sich hatte, die ihm einen gewissen Status in der Gesellschaft gesichert hätte und die Bewunderung seiner Frau. Dass er darunter litt, ließ er sich allerdings nie anmerken. Er zeigte meist ein lächelndes Gesicht, selbst wenn es ihm schlecht ging. Dann zog er sich zurück, bis die Krise wieder einmal überstanden war.

Auf diese Weise konnte nicht einmal ich, trotz meiner medizinischen Ausbildung, die Ursache für seine untätigen Phasen richtig einschätzen und deuten. Weil ich sie schlicht und einfach überhaupt nicht mitbekam.

Ich komme aus einer Familie, in der seit Generationen auf Leistung und Erfolg höchsten Wert gelegt wurde. Mein Großvater väterlicherseits vollbrachte das Wunder, die einfache Gaststube eines Bauernhauses in ein Restaurant zu verwandeln, dessen Ruf sich immer mehr verbreitete. Das war nur mit eiserner Disziplin und unermüdlichem Fleiß möglich.

Dass mein Vater, der schließlich gemeinsam mit meiner Mutter dieses Erbe übernahm, es nicht nur erfolgreich weiterführte, sondern erweiterte und zu großem Ruhm brachte, sehr unter der harten und ehrgeizigen Einstellung meines

Großvaters gelitten hatte, war mir lange nicht bekannt. Er sprach nie darüber, erst vor wenigen Jahren offenbarte er in einem bewegenden Artikel, wie unglücklich ihn der enorme Druck und die auf ihm lastenden Erwartungen gemacht hatten.

Dass sich diese erfolgsorientierte Prägung ohne viele Worte auf meine Schwester und mich übertrug, weiß ich heute. Leistung und Effizienz in dem, was man tut, ist mir in Fleisch und Blut übergegangen. Ja, damals beurteilte ich Menschen nach dem, was sie taten und erreichten. Und ausgerechnet ich verliebte mich in jemanden, dem es seine angeborene Krankheit unmöglich macht, an diesem gesellschaftlichen Wettlauf teilzunehmen?

Meine Familie mochte Markus auf Anhieb sehr, sein liebenswürdiges Wesen öffnete ihm sofort alle Herzen. Natürlich beriet ich mich auch mit meinen Eltern und meiner Schwester, doch es war klar, dass mir letztendlich keiner die Entscheidung abnehmen konnte.

„Ich glaube nicht", sagte meine Mutter, „dass seine Krankheit ein Hinderungsgrund ist, wenn du ihn liebst und er der Richtige für dich ist."

Auch meine Schwester riet mir nicht ab, sondern bestärkte mich im Gegenteil, auf meinen Verstand, mein Herz und Gottes Stimme zu hören. Wie ich ist sie der Ansicht, dass Gefühle nicht die alleinige Basis für eine Beziehung sind, sondern dass man sich entscheiden muss. Und dass man an dieser Entscheidung dann auch festhält.

Klar war ich verliebt, aber dennoch empfand ich den Weg in unsere Beziehung nicht sehr romantisch. Vieles lief über den Verstand. So bin ich eben.

Immerhin ließ ich mich auf ein erstes Date ein, zu dem mich Markus nach Basel zu einem ganz besonderen Abend einlud. Zuerst führte er mich in das berühmte Dunkelrestaurant „blindekuh", in dem das Essen in absoluter Dunkelheit serviert wird, um alle anderen Sinne zu aktivieren. Obwohl ich wohl verstand, was mir Markus damit sagen wollte, der zwar nicht blind ist, aber dennoch mit körperlichen Einschränkungen leben muss, fand ich das doch ein bisschen seltsam. Jemanden wie mich, der sehr ungern die Kontrolle über eine Situation verliert, in eine absolute Dunkelheit zu führen, wo ich mir mein Essen ertasten muss und auch sonst nicht weiß, was um mich herum vor sich geht, ist schon ein mutiger Entschluss.

Danach hatte Markus Karten für eine Shakespeare-Inszenierung im Theater besorgt, doch die Zeit war so knapp kalkuliert, dass wir uns sputen mussten und dennoch fast zu spät kamen. Die Inszenierung war leider eine Enttäuschung für uns beide. Dafür konnte Markus natürlich nichts. Wir überlegten sogar, in der Pause zu gehen, doch wir entschieden uns, die Sache auszusitzen. Jedenfalls sorgte das alles dafür, dass mir dieser erste Abend mit Markus bis heute lebhaft in Erinnerung geblieben ist.

Damals aber half mir dieser Abend ganz und gar nicht, um in meiner Entscheidung für oder wider eine Beziehung zu

Markus weiterzukommen. Kritisch, wie ich nun einmal war, hatte ich eine Menge an diesem Abend auszusetzen.

Wenn ich als junges Mädchen von meiner großen Liebe geträumt hatte, wäre mir nie in den Sinn gekommen, dass mir diese Entscheidung einmal so schwerfallen würde. Dass ich innerlich so zerrissen sein würde zwischen meinen Gefühlen und meinem Verstand. Ich war davon ausgegangen, dass ich mir ganz sicher sein würde, sobald „der Richtige" meinen Weg kreuzte. Jetzt dämmerte es mir, dass es mit der Liebe doch nicht ganz so einfach war.

Auch wenn mir Markus natürlich noch keinen Heiratsantrag gemacht hatte und es lediglich um die Entscheidung ging, ob ich mit ihm eine Beziehung eingehen wollte, so war das für mich eine Vorstufe dazu. Wie schon gesagt: Ich war immer der Meinung, nur dann eine Beziehung eingehen zu wollen, wenn ich mir auch eine lebenslange Bindung vorstellen konnte. Ausgerechnet ich, die ich mich mit Entscheidungen sonst nie schwertat, fühlte mich in meinen Grundfesten verunsichert. In einem einzigen Satz gesagt: Meine Liebe zu Markus war etwas, womit ich nie gerechnet hätte.

Ich brauchte also Zeit für meine Entscheidung. Was ein wenig paradox war angesichts unserer Situation, denn unsere gemeinsame Zeit war kostbar. Trotzdem drängte mich Markus nie. Und das Unglaubliche war: Während ich ziemlich durcheinander war und mich bemühte, alle Für und Wider zu sortieren und sorgfältig gegeneinander abzuwägen, standen seine Gefühle zu mir fest wie ein Fels in der Brandung. Das war für mich einfach unglaublich. Wie konnte er sich so sicher sein, wenn ich es nicht war?

Mich beeindruckte diese Klarheit, die er hatte. Ich wünschte mir nur, ich hätte sie auch gehabt.

MARKUS

Ich kann nicht erklären, warum, aber ich wusste einfach: Barbara ist die Liebe meines Lebens. Da gab es für mich kein Rütteln mehr, keine Zweifel, kein Hin und Her. Meine Liebe zu dieser Frau war so überwältigend stark, dass sie mein ganzes Leben in ein anderes Licht stellte. Es war auf einmal von Sinn erfüllt, und ich war einfach nur glücklich, wenn ich in ihrer Nähe sein konnte.

Dass sie ähnlich fühlte, machte mir Hoffnung. Dass sie allerdings so schwere Zweifel plagten, machte mir auch Angst. Was, wenn sie sich gegen uns entscheiden würde? Ich versuchte gelassen zu bleiben, sie nicht zu drängen und das Beste zu hoffen. Auf Gott zu vertrauen, dass es so kommen würde, wie es kommen sollte.

Das war alles andere als leicht. Und eines Tages spielte mir mein geschwächter Körper wieder einmal einen Streich. In meinen vernarbten Lungen verfing sich wie so oft eine Infektion, und ich musste zu einer vierzehntägigen intravenösen Antibiotikakur ins Spital.

Diese beiden Wochen waren eine schwere Zeit für mich. Auch wenn mich so eine Kur letztendlich rettet, so schwächen mich die Antibiotika, die per Infusion direkt in meine Blutbahn geleitet werden, jedes Mal zusätzlich und die Nebenwirkungen machen mir mehr und mehr zu schaffen. Manchmal fühle ich mich so kraftlos, dass ich nicht einmal mehr ein Buch lesen kann.

In diesen Tagen wurde mir das Warten auf Besserung und das Warten auf Barbaras Entscheidung schwer und schwerer. In der Nacht vor meiner Entlassung gelangte ich schließlich an einen emotionalen Tiefpunkt.

Bereits einige Jahre zuvor hatte ich angefangen, in schweren Zeiten eine Art Tagebuch zu führen. Das half mir, meine Gedanken zu sortieren. So auch in jener Nacht, als ich voller Liebe zu Barbara war und doch voller Trauer, weil ich nicht wusste, ob diese Liebe eine Zukunft hatte, holte ich schließlich meine Aufzeichnungen hervor. Ich notierte meine Gedanken und versuchte, für meine Gefühle Worte zu finden. Und auf einmal war da eine Frage: Konnte ich einer Frau wie Barbara, jung und gesund, das blühende Leben, einen kranken Mann wie mich überhaupt zumuten? War das nicht eine zu große Belastung für sie? Vertrug sich das mit meiner Liebe zu ihr?

Das war ein niederschmetternder Gedanke. Doch das Seltsame war – auf einmal fühlte ich bei all dem Schmerz meine Liebe zu ihr so unendlich stark, dass ich innerlich Ruhe fand. Ich wusste nun, was zu tun war. Ich musste sie freigeben, auch wenn das für mich bedeuten würde, damit auch den Traum von einer Ehefrau und einer Familie loslassen zu müssen, der in so greifbarer Nähe gewesen war. Gleich morgen würde ich mit ihr sprechen. Ich musste sie loslassen, und einfach darauf vertrauen, dass das Richtige geschehen würde. Auch falls das hieße, dass sie sich gegen mich entschied.

Ob ich in jener Nacht überhaupt noch schlief, das weiß ich gar nicht mehr. In einem seltsamen Zustand der Niedergeschlagenheit und doch erfüllt von einem völlig neuen Gefühl von Frieden wartete ich am nächsten Morgen nach meiner Entlassung darauf, von meinem Vater abgeholt zu werden. Ich hatte noch etwas Zeit und beschloss, nicht länger zu zögern, bis mich womöglich mein Mut wieder verließ, sondern am besten Barbara sofort anzurufen und ihr zu sagen, was ich in dieser Nacht erlebt hatte.

Es war ein schöner Morgen, der einen warmen Tag versprach. Ich ging hinaus in die Grünanlage des Spitals und spazierte einen Hügel empor bis zu einem modernen Kirchengebäude. Hier setzte ich mich schließlich auf eine Mauer in die Sonne.

Mein Herz schlug zum Zerspringen, als ich Barbaras Nummer wählte. Ihre Stimme zu hören, brachte es erneut zum Zittern. Wir tauschten ein paar Begrüßungssätze, dann holte ich tief Luft und sagte:

„Barbara, ich muss dir etwas Wichtiges sagen. Ich möchte das Allerbeste für dich, aber ich weiß nicht, ob ich das bin. Vielleicht bin ich nicht der Richtige für dich, weil du etwas Besseres verdient hast."

Es war ganz still in der Leitung, und ich holte noch einmal tief Luft, um zu Ende zu bringen, was ich begonnen hatte. „Ich möchte, dass du eines weißt: Ich liebe dich so sehr, Barbara, und ich will, dass du glücklich bist. Und wenn das mit mir nicht geht, dann lasse ich dich los."

BARBARA

Ich glaube, ich brachte damals zunächst kein Wort heraus. Und was ich schließlich sagte, daran kann ich mich nicht mehr erinnern.

„Wow!", dachte ich. „So sehr liebt er mich also!"

Die Erkenntnis, dass er mein Wohl höher einschätzte als sein eigenes, kam mir erst eine Weile später voll zu Bewusstsein. Dann aber warf sie mich fast um. Dieser Mann liebte mich und würde dennoch auf mich verzichten, wenn das für mich besser wäre?

Da wurde mir schlagartig klar, dass es in meiner Hand lag, ob ich mit ihm glücklich werden würde oder nicht. Ich verstand auf einmal, dass es nicht Zufall oder Schicksal war, ob ich bei ihm mein Glück finden würde oder nicht, sondern dass das meine eigene Entscheidung war. Immer wieder. Denn mehr als seine Liebe für mein Wohlergehen zu opfern, kann ein Mann für eine Frau schließlich nicht tun, oder?

Wenn ich jetzt Ja zu ihm sagte, war dies keineswegs ein

Schritt, mit dem ich jegliche Kontrolle über mein zukünftiges Leben verlieren würde, ganz im Gegenteil. Mit einem so selbstlos liebenden Partner, der mich lieber loslassen würde, als mich unglücklich zu machen, lag mein Glück in meinen eigenen Händen.

Auf einmal war alles ganz leicht. Ich fühlte meine Liebe zu ihm ganz klar und rein. Es waren nicht die berühmten Schmetterlinge im Bauch, nicht das Schweben auf Wolke sieben und kein Himmel voller Geigen. Sondern das noch junge Pflänzchen einer Liebe, die sich zutraute, mit allen Schwierigkeiten fertig zu werden. Eine Liebe, gegen die all die vielen vermeintlich klugen Vernunftgründe, die unsere Beziehung infrage stellen wollten, letztlich nicht mehr ankamen.

03
Liebe
ist kein
Zuckerschlecken

BARBARA

Ich sagte also Ja zu unserer Beziehung – doch wenn ich geglaubt hatte, dass damit alle Schwierigkeiten ein Ende gefunden hätten, dann war das ein Irrtum. Denn unser Leben ist nicht Hollywood: Mit dem Ja kommt nicht automatisch das *happily ever after* ... Vielleicht kann man sogar sagen, dass es mit dem Ja füreinander erst richtig schwierig wurde.

Doch ich möchte der Reihe nach erzählen. Keiner in unserem gemeinsamen Bekanntenkreis hatte nämlich die geringste Ahnung davon, was sich zwischen Markus und mir angebahnt hatte. Da ich mir so lange derart unsicher gewesen war, wollte ich das auch bis zu meiner Entscheidung geheim halten, um mich nicht dem äußeren Erwartungsdruck auszusetzen und Fragen wie „Na, wie steht es denn jetzt zwischen euch? Seid ihr jetzt endlich zusammen?" auszuweichen.

Öffentlich gemacht haben wir unsere Beziehung dann am 19. März 2010, und das wissen wir deswegen noch so genau, weil wir an jenem Wochenende mit Freunden zum Skilaufen fuhren. An jenem Frühlingstag erklärten wir auf dem Parkplatz, ehe wir alle miteinander aufbrachen: „Ach, übrigens, wir möchten euch da noch etwas sagen ... Wir sind jetzt zusammen!"

Die Überraschung war groß.

Alle wussten, dass wir *best friends* waren, keiner ahnte, dass inzwischen aus der Freundschaft Liebe geworden war.

Noch heute schickt mir meine Mutter jedes Jahr zu diesem

Datum einen Glückwunsch. „Weißt du noch", stand dieses Jahr in der SMS, „wie schwer Du Dich damals mit der Entscheidung getan hast?"

O ja, das weiß ich noch sehr gut. Und trotz unserer Verliebtheit sollte unsere erste gemeinsame Zeit auch nicht gerade ein Spaziergang werden. Den traurigen Höhepunkt unserer Streitereien erlebten wir auf unserer ersten gemeinsamen Städtereise.

Wir waren bereits ein Jahr zusammen, als wir beschlossen, gemeinsam mit meiner Schwester Susanne und deren Mann Sam im April 2011 einen Kurzurlaub zu machen. Wir alle waren Londonfans und wollten ein paar Tage dort verbringen.

Ich dachte nicht, dass eine Städtereise für uns eine besondere Herausforderung werden könnte, doch darin täuschte ich mich, wie in so manchem. Und wie eng das Wort „getäuscht" mit „enttäuscht" verwandt ist, auch das sollten wir bei dieser Gelegenheit erleben. Denn noch immer waren mir die Dimensionen nicht bewusst, die Markus' Krankheit im täglichen Leben einnimmt.

Mukoviszidose heißt wörtlich übersetzt in etwa „Krankheit des zähen Schleims". Dieser Name kommt nicht von ungefähr, ist der Schleim doch die unangenehmste Begleiterscheinung der Krankheit. Ursache für die Krankheit ist ein defektes Gen auf dem Chromosom 7 (CFTR-Gen) der insgesamt dreiundzwanzig Chromosomen.

Dieses Gen ist zuständig für den Austausch von Salz und Wasser in den Zellen durch die Ionenkanäle.

Ist das Gen defekt, kann der Flüssigkeitsaustausch der Zellen nicht in ausreichendem Maß stattfinden. Die Körperflüssigkeiten sind zäher, die Salzkonzentration höher. In früheren Zeiten, als die Krankheit noch nicht erforscht war, diagnostizierte man sie bei einem Kind durch einen Kuss auf der Stirn, denn die Haut schmeckte dann besonders salzig.

Von dem genetischen Defekt sind alle Zellen betroffen, aber die negativen Folgen zeigen sich besonders an der Lunge. Um dieses Organ vor Schmutz zu schützen, sind unsere Atemwege mit einer Schleimhaut ausgekleidet und mit Flimmerhärchen besetzt. Bei gesunden Menschen überzieht ein dünner Flüssigkeitsfilm die Schleimhaut. Eingeatmete Schmutzpartikel und Krankheitskeime sammeln sich dort und werden von den Flimmerhärchen wieder aus dem Körper transportiert. Dann räuspern wir uns oder husten kurz, und die Atemwege sind wieder frei.

Bei Markus ist dieser Feuchtigkeitsfilm in den Atemwegen so zähflüssig, dass die Flimmerhärchen verkleben und ihre Aufgabe nicht erfüllen können. Der Schleim samt den Fremdpartikeln und Erregern steckt fest. Die daraus resultierende chronische Entzündung führt zum Umbau der Atemwege mit Bildung von Zysten und Höhlen, in denen sich Erreger leicht ansiedeln können. Zur Atemnot kommt also die ständige Gefahr von Infektionen.

Darum leiden die Betroffenen ab dem Säuglingsalter an

wiederkehrenden Entzündungen in der Lunge. Mit der Zeit zerstören diese das gesamte Lungengewebe. Es kommt zu Vernarbungen, was das Risiko für Komplikationen immer größer werden lässt.

Doch nicht nur die Lunge ist betroffen, sondern sämtliche Organe, die Körperflüssigkeiten produzieren. Auch die Verdauungssäfte sind eingedickt, und deshalb kann es beispielsweise in der Bauchspeicheldrüse zum Rückstau kommen, der das Gewebe mit der Zeit vernarben („fibrosieren") lässt. Die Bauchspeicheldrüse ist dann oftmals nicht mehr in der Lage, die wichtigen Verdauungsenzyme zu produzieren, und wie bei der Lunge verhindert zäher Schleim die natürlichen Abläufe dieses so wichtigen Organs. Das hat zur Folge, dass die Nahrung schlechter aufgenommen werden kann.

Die Bauchspeicheldrüse ist lebenswichtig für uns Menschen, weil sie neben den Verdauungsenzymen auch Insulin produziert. Wegen der Einschränkungen dieses Organs erkranken etwa ein Drittel der Betroffenen im Laufe ihres Lebens zusätzlich an Diabetes.

Auch weitere Folgekrankheiten können auftreten, je älter ein Mukoviszidosepatient wird. Dazu gehören Knochenschwund, Vernarbung des Lebergewebes und Lungenblutungen.

Natürlich ist der Krankheitsverlauf individuell sehr unterschiedlich. So können nur einzelne oder auch viele Organe betroffen sein, und die Schwere der Krankheitsausprägung kann stark variieren.

All das wusste ich theoretisch durch meine Diplomarbeit. Dennoch ist es etwas anderes, ganz praktisch und hautnah mit den Folgen konfrontiert zu werden, zumal sie bei jedem Patienten anders ausgeprägt sind. Außerdem neigen wir Menschen leider dazu, alles Unangenehme aus unserem Leben auszuklammern, und auch ich bilde da keine Ausnahme. Mir war jedenfalls zu Beginn unserer Beziehung über dieses theoretische Wissen hinaus überhaupt nicht klar, was das alles konkret für Markus' Alltag bedeutet.

Beispielsweise, dass er zweimal am Tag für jeweils mindestens eineinhalb Stunden Therapie machen muss, um seine Atemwege und besonders die Lunge freizubekommen. Das ist eine wichtige Maßnahme, um der Infektionsgefahr entgegenzuwirken. Das bedeutet aber auch, dass täglich viel Zeit gebunden ist, in der er nichts anderes unternehmen kann. Das bekam ich aber gar nicht so mit. Selbst wenn wir den ganzen Tag zusammen verbrachten, machte er die Therapie am Morgen, bevor wie uns trafen, und dann wieder abends, nachdem er mich zu Hause abgesetzt hatte.

Hätte ich damals wirklich genau über all das Bescheid gewusst, wäre uns sicherlich so manche Verstimmtheit während unserer Londonreise erspart geblieben. So aber drängten meine Schwester, ihr Mann und ich am Morgen hinaus, um von früh bis spät die Stadt zu erkunden, und wurden nicht müde, von einer Sehenswürdigkeit zur anderen und von einem Erlebnis zum nächsten zu eilen. Damals war Markus noch viel zu diskret, um zu sagen: „Moment mal, wir müssen das anders planen, mir ist das zu viel." Er wollte keineswegs als Spaßbremse dastehen, und so versuchte er, mit uns Schritt zu halten. Was natürlich nicht gelingen konnte. Dadurch wirkte er am Ende erst recht wie ein Spielverderber.

Heute kommt mir das alles so nichtig vor, aber damals war ich sehr irritiert. In den schönsten Momenten, zum Beispiel als wir eines Nachmittags gegen fünf Uhr vor dem legendären Riesenrad, dem Millennium Wheel, standen, erklärte Markus plötzlich: „Ich muss jetzt zurück ins Hotel. Ich muss noch meine Therapie machen, damit ich heute Abend mit euch ins Musical gehen kann."

Dann war er auf einmal fort. Und ich stand mit meiner Schwester und meinem Schwager da, völlig vor den Kopf gestoßen.

„Was hat er denn auf einmal?", fragte ich mich. „Wieso rennt er jetzt, wo es gerade am schönsten ist, davon?"

Wir waren wirklich verwirrt. Natürlich wussten wir, dass Markus zweimal täglich seine Therapie machen musste. Aber hätte das nicht nach dem Riesenrad gereicht? Dann hätte er doch noch gut ein Stündchen Zeit im Hotel gehabt, bevor wir zum Musical aufgebrochen wären!

Natürlich konnte ich meine Runde im größten Riesenrad Europas nicht wirklich genießen. Stattdessen hatte ich ständig das Bild von Markus vor Augen, der nun ganz allein enttäuscht in dem langweiligen Hotel saß. Hätte ich ihn begleiten müssen? War es egoistisch von mir, dass ich mich mit meiner Schwester und deren Mann lieber amüsieren wollte, als meinem Freund beizustehen?

Eine unausgegorene Mischung aus Irritation, Groll gegen ihn und schlechtem Gewissen, weil ich ihn allein gelassen hatte, verdarb mir nicht nur in jener Stunde einen Großteil des Spaßes. Warum, so fragte ich mich, muss alles so kompliziert sein? Kann man nicht mal unbeschwert ein paar schöne Stunden verbringen?

Ich war enttäuscht, weil wir alles andere als das verliebte Paar auf der Städtereise waren, wie man sich das so vorstellt. Die Wirklichkeit hielt unseren Erwartungen nicht stand.

Mein Schwager Sam war es schließlich, der mir einen Spiegel vorhielt: „Barbara", sagte er, „dreh dich nicht nur um dich selbst. Vielleicht ist Markus ja genauso enttäuscht wie du!"

Er hatte recht: Wir fühlten uns beide als Opfer der Situation und beschuldigten den anderen. Zu beschäftigt waren wir mit uns selber und unseren Enttäuschungen, dass wir den anderen mit seinen Bedürfnissen ganz aus dem Blick verloren.

Hätte ich damals nur schon verstanden, warum er sich immer wieder ausklinkte und zurückzog. Denn Markus hatte nicht die Möglichkeit, die beiden täglichen Therapien nach unseren Plänen zu richten, sondern musste sie am Morgen nach dem Aufstehen und abends, solange er noch Energie hatte, tun. Er musste außerdem häufiger ausruhen, um genügend Kraft für weitere tägliche Urlaubsabenteuer zu sammeln.

Aber damals war mir das noch nicht klar. So blieb in diesem insgesamt wunderschönen Urlaub doch ein Gefühl der Irritation zurück. Wieder zurück in Bern flammten meine alten Zweifel wieder auf. Und selbst meine Schwester, die vorher eine große Fürsprecherin unserer Beziehung gewesen war, klang nun nicht mehr ganz so enthusiastisch, was Markus anbelangte. Was sie in London gesehen hatte, war ein Paar, das noch viel Arbeit vor sich hatte.

MARKUS

Ich wollte den anderen einfach nicht den Spaß verderben. Es war zu spüren, wie sie alle darauf brannten, das Letzte aus den wenigen Tagen, die wir in London verbrachten, herauszuholen. Das war nur allzu verständlich. Dass ich da nicht mithalten konnte, war nicht besonders sexy. Ich scheute mich, klar auszusprechen, wo meine gesundheitlichen Grenzen verliefen, weil ich mich schämte. Ich wollte vor Barbara gut dastehen. Das Gegenteil war passiert.

Meine Therapiezeit zwingt mich, viel mehr im Jetzt zu leben und auf meinen Körper zu hören, um zu erkennen, wann ich neue Kraft tanken muss. Von klein auf habe ich gelernt, sie wirklich ernst zu nehmen und so gut wie möglich zu machen. Zweimal am Tag. Jedes Mal eineinhalb Stunden lang.

Mein Tag fängt schon damit an, dass ich beim Frühstück darauf achten muss, ausreichend Kalorien zu mir zu nehmen. Dann folgt eine zwanzigminütige Feuchtinhalation, um die Atemwege zu öffnen.

Danach kommt die Therapie mit einem sogenannten *flutter*. Das ist ein Gerät, in das ich hineinblase, und darin schwingt eine Kugel hin und her. Die Vibration, die dadurch entsteht, überträgt sich auf meine gesamten Atemwege und hilft, den festsitzenden Schleim zu lösen. Dabei stärkt sie auch die Atemmuskulatur und das Zwerchfell.

Abwechselnd zum *flutter* wende ich eine Atemtechnik an, die Autogene Drainage. Zuerst versuche ich, mit einer speziellen Dehnlage die Lungenflügel zu belüften und in die gewünschte Zone der Lungen zu atmen. Das hilft mir sehr. Dann mache ich in Seitenlage Bauchatmung, um eine Tiefe zu bewirken und Teile der Lungen zu belüften, die normalerweise nicht erreicht werden. Das ist optimal zur Sekretmobilisation. Beim Ausatmen gebe ich etwas Tempo und achte darauf, dass ich bis zum Schluss gleichmäßig ausschnaufe. Und wenn sich genügend Schleim in den oberen Bronchien angesammelt hat, huste ich ihn ab.

Den Abschluss bildet eine Inhalation, die mit speziellen Antibiotika angereichert wird. Auf diese Weise können diese direkt in der Lunge wirken und an Ort und Stelle etwaige Entzündungsherde hemmen, sodass Infektionen schon im Vorfeld verhindert werden.

Meine Therapie ist also ganz schön komplex und braucht Zeit und Konzentration. Nichts, was ich eben mal kurz zwischen Riesenrad und Musical hineinquetschen kann.

Inzwischen weiß ich schon lange, dass in einer Beziehung Kommunikation das A und O ist. Miteinander über alles zu sprechen, bereits vorneweg zu erklären, welchen zeitlichen Tribut ich meiner Krankheit – oder besser gesagt meinem Wohlergehen im Rahmen meiner Krankheit – zollen muss, macht alles einfacher. Damals aber dachte ich tatsächlich, es wäre das Beste, das alles still und heimlich mit mir selbst abzumachen.

Wenn ich mich für meine Therapie ins Hotel zurückzog, konnten die anderen weiterhin das tun, was sie wollten und die Zeit genießen. Mir widerstrebte es, so etwas wie ein Hemmschuh zu sein. Ich wollte nicht, dass sie dachten, okay, wenn der Markus im Hotel bleiben muss, dann müssen wir das wohl notgedrungen auch.

Selbstverständlich war ich traurig damals, als ich ganz allein zum Hotel zurückmusste, während die anderen Riesenrad fuhren. Das hätte ich natürlich auch gerne getan, keine Frage! Eigentlich hätte ich mehr Verständnis erwartet. Doch dies darf man nur voraussetzen, wenn die Menschen wissen, um was es geht. Und junge, gesunde Menschen können ohnehin nur schwer verstehen, dass kranke Menschen eine reduzierte Energiereserve haben. Nur bei Sam spürte ich trotz meines Kommunikationsdefizits etwas Empathie für meine Situation.

Barbara stattdessen wandte sich von mir ab: Ich drehte mich in den kommenden Tagen in einer Spirale des Selbstmitleids, und das fand Barbara alles andere als attraktiv.

Es war wirklich ein Teufelskreis. Je mehr ich mich zurückzog, desto mehr stieß mich Barbara auch von sich, was mich wiederum verletzte und mich in meinem Selbstmitleid bekräftigte. Irgendwie schafften wir es nicht, aus diesem Muster auszubrechen. Heute, wenn wir ansatzweise wieder in eine solche Spirale geraten, fällt es uns viel leichter, dies zu durchschauen und die notwendigen Schritte aufeinander zuzumachen.

Einmal mehr bremste mich meine Krankheit aus, wie schon so oft zuvor. Es ist etwas, was sich durch mein Leben hindurchzieht und womit ich durchaus hadere: damals in der Schule, als ich einer der Besten war, aber aufgrund meiner Krankheit und den vielen Fehlzeiten die Matura, das schweizerische Äquivalent zum deutschen Abitur, nicht machen konnte. Beim Theater, wenn ich voller Begeisterung und Elan probte, und dann wieder diese Schwäche zuschlug, ein Infekt zum Beispiel, und ich wieder flachlag und nichts dagegen tun konnte, außer warten, warten, warten, und all meine Zeit und Energie ins Gesundwerden zu investieren, bis die Kraft zurückkam.

Ich habe so viele Ideen, die ich gerne umsetzen möchte, doch oftmals schafft mein Körper es einfach nicht. So auch damals in London – alle hatten Spaß, nur ich hatte wieder einmal keine Energie mehr. Und dabei war es nicht mal so, dass ich in einer gesundheitlichen Krise steckte. Nein, es ging mir nach meinen Verhältnissen gut. Umso frustrierender war es, dass ich nicht mithalten konnte.

Vielleicht habe ich damals gesagt: „Ich bin müde, ich kann nicht mehr." Vielleicht auch nicht. Zu erklären, warum ich keine Energie mehr aufbringen kann, finde ich immer schwierig. Das ist wirklich schwer zu verstehen, wenn man mich nicht gut kennt, denn ich wirke alles andere als schwach und kraftlos.

Wie vielen anderen Mukoviszidosepatienten sieht man mir meine Krankheit außerdem nicht wirklich an. Wahrscheinlich habe ich auf Barbara so gewirkt, als hätte ich einfach keine Lust mehr. Eines von vielen Missverständnissen, das ist mir heute klar.

Obwohl Barbara die Krankheit theoretisch kannte, war es schwer für sie, in diesem Moment Verständnis aufzubringen, vor allem, weil sie keine Erklärung bekam. Es ist ein großer Unterschied, ob man eine Krankheit von den Fakten her kennt oder ob man sie lebt, wie sie es jetzt mit mir zusammen macht. Aber wenn ich erkläre, warum es mir im Moment so oder so geht, dann leuchtet das in der Regel jedem ein. Das habe ich bislang immer so erlebt. Es liegt also an mir, meiner Umwelt verständlich zu machen, was mit und in mir gerade vorgeht.

Die Sache mit meiner Energie ist von vielerlei Faktoren abhängig. Zum einen muss ich ständig mindestens zwei Antibiotika nehmen. Auch wegen meines Lungendefekts, der über die Jahre sehr groß geworden ist, muss mein Körper viel Kraft aufbringen, um überhaupt zu funktionieren. Ich habe auch einen höheren Puls und eine höhere Atemfrequenz als ein Gesunder. Das alles sind einige der Gründe für meinen eingeschränkten Energiehaushalt.

Damals habe ich das wahrscheinlich aus Stolz nicht ausreichend kommuniziert und stattdessen versucht, die Situation alleine meistern zu können. Ich wollte nach außen der Starke sein und meine Schwäche mit mir allein abmachen. Es widerstrebt mir heute noch, meinen Zustand an die große Glocke zu hängen und damit womöglich anderen den Spaß zu verderben.

Es reichte schon, so fand ich, dass ich selbst die Therapie machen musste, während sich die anderen weiterhin amüsieren konnten. Das war frustrierend, niederschmetternd. Mit hängendem Kopf fuhr ich damals zurück ins Hotel. Aber nie im Leben hätte ich erwartet, dass Barbara mich begleitet. Wieso denn auch? Meine Therapie kann mir niemand abnehmen. Ich hätte mich nur noch mieser gefühlt.

Ich weiß, dass Barbara nach der Reise wieder in grundsätzliche Zweifel verfiel, ob sie wirklich mit mir ihr Leben verbringen wollte. Wir stritten uns häufig. Wobei es im Nachhinein gar nicht so einfach ist, auseinanderzuhalten, ob so manche Missstimmung zwischen Barbara und mir damals aufgrund meiner Krankheit aufkam, oder schlicht und einfach aus der Tatsache heraus, dass wir beide ganz gewaltige Dickschädel sind. Es war ja nicht so, dass wir einzig und allein mit den Auswirkungen der Krankheit konfrontiert waren. Darüber hinaus sind wir beide natürlich ganz normale Menschen mit Stärken und Schwächen. Wir mussten uns erst finden, so wie jedes Paar, ob gesund oder krank. Und dabei stellten wir fest, dass wie beide ziemlich harte Brocken sein können, wenn es darauf ankommt.

BARBARA

Ich denke, in jeder Beziehung tauchen früher oder später Konflikte auf. Die Frage ist, wie man sie angeht, wie man mit ihnen umgeht und wie man sie löst. Und da bringt jeder ganz andere, meist unbewusste Strategien aus seinem Elternhaus mit.

Markus kann sehr streitbar sein, doch wenn er das Gefühl hat, dass die Auseinandersetzung unwirsch und ausfallend wird, dann zieht er sich, ganz ähnlich wie sein Vater, gerne zurück. Man nennt das auch „aus dem Felde gehen".

Ich kann sehr heftig werden, ja, sagen wir mal, ich bin recht temperamentvoll. Das ist ein Charakterzug, auf den ich nicht gerade stolz bin. Inzwischen habe ich sehr an mir gearbeitet, doch zu Beginn unserer Beziehung war ich oftmals recht harsch. Damit kam Markus überhaupt nicht zurecht.

In solchen Situationen konnte es vorkommen, dass er sagte: „Dann geh ich jetzt!", aus meiner Wohnung in Bätterkinden lief, in sein Auto stieg und einfach davonfuhr.

Mir war natürlich klar, dass dies keine Lösung war. Wir liebten uns doch, außerdem hatte ich es gar nicht so gemeint. Statt wegzulaufen, mussten wir die Angelegenheit klären!

Also rannte ich ebenfalls aus dem Haus, sprang in den Wagen meiner Eltern und fuhr ihm hinterher. Währenddessen rief ich ihn auf dem Handy an und beschwor ihn, im nächsten Dorf anzuhalten. Das tat er dann auch und wir diskutierten auf einem Parkplatz weiter. Meistens versöhnten wir uns wieder und kehrten gemeinsam zu meiner Wohnung zurück.

Ja, es ging ganz schön turbulent zu in den ersten Wochen und Monaten unserer Beziehung. Damals holte ich berufsbegleitend die Matura nach und fuhr dazu samstags regelmäßig nach Zürich.

An einem dieser Abende waren wir bei Freunden zum Essen eingeladen. Markus holte mich mit dem Wagen am Bahnhof ab, und schon in den ersten Minuten entzündete sich ein Streit.

An diesem Tag hatte er sich die Haare schneiden lassen, und das Erste, was ich zu ihm sagte, war:

„Oje, wie siehst denn du aus! Das ist viel zu kurz am Oberkopf! Und jetzt siehst du mindestens zwei Wochen lang so schrecklich aus …"

Verständlicherweise war Markus gekränkt.

„Mir gefällt es aber so", konterte er. „Und schließlich rede ich dir auch nicht rein, wenn du zum Friseur gehst."

„Ja, aber …", musste ich Widerrede geben, denn so schnell gebe ich nicht meine Meinung auf. So ein Start in den Abend konnte sich bei uns ganz schön hochschaukeln. Irgendwann zwischen Bahnhof und dem Haus unserer Freunde fuhr Markus rechts ran und meinte: „Dann kannst du ja jetzt aussteigen, wenn du dich mit mir nicht mehr sehen lassen kannst wegen meines Haarschnitts!"

Was ich Trotzkopf voller Zorn tat. Einige Meter weiter stoppte Markus erneut und stellte mir meine Tasche auf den Gehsteig, ehe er weiterfuhr. Vor dem Haus unserer Freunde trafen wir wieder aufeinander.

„Was ist denn mit euch los?", fragte Joel, als wir endlich, nachdem wir im Treppenhaus unseren Konflikt bereinigt hatten, verspätet erschienen. „Können wir euch irgendwie helfen?"

Joel ist schon sehr lange mit Markus befreundet. Er bekleidete damals in unserer Kirchengemeinde eine wichtige Funktion und ist für uns beide eine Vertrauensperson, deren Meinung wir schätzen. Dasselbe gilt für seine Frau Martina, und beide waren mir damals durch unsere *smallgroup* bereits bestens bekannt. Also vertrauten wir uns den beiden an.

„Ach", meinte Joel mit einem Lächeln zu seiner Frau. „Das kenne ich gut. Martina mit ihren spanischen Wurzeln hat auch ganz schön viel Temperament. Da musst du dich nicht gleich so provozieren lassen."

Es tat uns damals gut, Außenmeinungen zu unseren immer wieder ganz ähnlich verlaufenden Konflikten zu hören. Und es war bestimmt nicht so, dass sie immer meine Position verteidigten, ganz im Gegenteil.

Joel konnte auf eine reiche Erfahrung als Seelsorger im Allgemeinen zurückgreifen und mit seiner Frau bot er Ehevorbereitungskurse an. Und wenn auch für mich bis heute meine Schwester Susanne die allererste Adresse ist, wenn ich Rat brauche, so waren die Gespräche mit Joel und Martina ungemein wertvoll für unsere Beziehung und sind es bis heute.

Und so kam es, dass wir uns immer wieder von den beiden regelrecht coachen ließen. Dabei führte ich viele Gespräche allein mit Martina, während Markus mit Joel sprach.

Ich bin meiner Schwester und ihrem Mann Sam sowie Joel und Martina bis heute für ihr offenes Ohr dankbar. Gerade nach unserem Londontrip war das wichtig. Ein paarmal war ich sehr kurz davor, unsere Beziehung zu beenden, ich hatte mir einmal sogar bereits die Worte dafür zurechtgelegt. Dabei ging es gar nicht nur um die Krankheit. Ich hatte vielmehr den Eindruck, uns fehle die Basis für eine glückliche Beziehung. Ich fühlte keine emotionale Nähe, die Verbundenheit, die wir als *best friends* gespürt hatten, war mir abhandengekommen. Schon bei kleinsten Streitereien konnte ich an den Fundamenten rütteln und sah alles einstürzen. Ich haderte mit Markus, mit uns.

Zum Glück sprang Martina mitunter richtig hart mit mir um. Als ich ihr beispielsweise einmal anvertraute, dass ich mir eigentlich immer einen Akademiker zum Ehemann gewünscht hatte, konterte sie: „Ja, aber du bist doch auch keine Akademikerin!"

Da traf sie einen wunden Punkt. Ich hatte mir nämlich immer gewünscht, Medizin zu studieren. Mein Großvater mütterlicherseits war Professor der Pharmakologie gewesen und es gab einige Mediziner in meiner Familie. Doch während meiner Pubertät hatte ich leider eine Phase gehabt, in der ich in der Schule nicht fleißig genug gewesen war, und obwohl ich eigentlich leicht lernte und eine gute Schülerin war, hatte ich statt der Matura „nur" die Fachhochschulreife an der Diplommittelschule vorzuweisen.

„Ja, schon", wand ich mich im Gespräch mit Martina. „Aber ich habe noch vor, die Matura nachzuholen und dann zu studieren."

„Andere haben in deinem Alter schon zwei Studien absolviert", meinte Martina nur.

„Und dann", fuhr ich mit meinen Bedenken fort, „wollte ich immer einen sportlichen Partner. Und Markus kann nun mal keinen Sport ausüben."

Martina zog erstaunt die Augenbrauen hoch.

„Bist *du* denn sportlich? Das wusste ich gar nicht!"

„Nein", gab ich kleinlaut zu. „Ich mache wenig Sport. Aber … vom Aussehen her habe ich mir meinen Partner anders gewünscht."

„Vom Aussehen her?", fragte Martina nach. „Markus sieht doch gut aus. Schau mal in den Spiegel. Du bist sehr hübsch, das stimmt. Aber Modelmaße hast du doch trotzdem nicht, oder?"

Und so rückte mir die Freundin mit grausamer Ehrlichkeit den Kopf zurecht.

„Vielleicht kommt es auf all diese Dinge gar nicht an?", fragte sie. „Meinst du, du wirst glücklicher mit einem sportlichen, attraktiven Akademiker? Glaubst du wirklich, dass es das ist, was eine gute Beziehung ausmacht?"

Nein. Natürlich begriff ich, dass es auf diese Dinge nicht ankommt. Heute muss ich selbst darüber lachen, während ich diese Zeilen schreibe. Aber es war ein wichtiger Prozess, der notwendig war, damit ich heute umso glücklicher bin in der Beziehung mit einem Menschen, den ich so liebe, wie er ist.

04

Wege zueinander

BARBARA

Wie ich schon sagte, wir alle übernehmen ganz automatisch Gewohnheiten, Werte und Strategien aus unserem Elternhaus. Nun kann man sich kaum zwei unterschiedlichere Familien vorstellen als die Hännis und die Hublers.

Während bei uns der Familienbetrieb, die „Krone" in Bätterkinden, im Zentrum stand, um das sich alles rankte, so stand in der Familie Hänni das Wohl der drei an Mukoviszidose erkrankten Kinder im Vordergrund. Denn nicht nur Markus leidet an der Erbkrankheit, sondern auch sein Zwilling und sein älterer Bruder. Heute habe ich selbst zwei kleine Kinder, und allein die Vorstellung, vollkommen ohne Vorwarnung eine so erschütternde Diagnose zu bekommen, ist fürchterlich.

Markus war zwei Jahre alt, als er sich von einer vermeintlichen Erkältung einfach nicht mehr erholen konnte. Eine Odyssee zu Ärzten begann, und irgendwann stand die niederschmetternde Diagnose fest.

Was für ein Schock muss es für die Eltern gewesen sein, zu erfahren, dass drei ihrer vier Kinder unheilbar krank waren! Sofort taten sie alles, um das Leben ihrer kleinen Söhne zu erhalten und so lebenswert wie möglich zu machen. Dazu gehörten damals schon tägliche Therapien, was bei drei Kindern sehr viel Zeit in Anspruch nimmt.

Auch bei uns zu Hause taten meine Eltern alles dafür, um eine außerordentliche Leistung zu vollbringen. Die schier übermenschliche Leistung, die meine Schwiegereltern dagegen erbrachten, zielte darauf ab, Leben zu erhalten. Wo wir Gesunden doch dieses Gottesgeschenk als selbstverständlich nehmen. Als Markus älter wurde, übernahm er diese Verantwortung für sein Wohlergehen nach und nach selbst und beweist damit bis heute ein unglaubliches Maß an Disziplin. Doch es sollte noch dauern, bis ich das würdigen konnte.

Sich selbst am Leben erhalten – dass das Schwerstarbeit sein kann, darauf wäre ich früher nie gekommen. Man kann sich von seiner Erkrankung keinen Urlaub nehmen, man hat immer damit zu tun. Jede Stunde, jeden Tag. Und noch heute muss ich mir das immer wieder vor Augen führen, damit mir der Alltag meines Mannes nicht als geruhsam und vom Nichtstun geprägt erscheint. Immer wieder muss ich mir klarmachen, dass Markus sich viel mehr ausruhen muss als andere Menschen, damit er Energie tanken kann und nicht in eine gesundheitliche Krise gerät.

Nichtstun, sich ausruhen – das war etwas, was in meiner Familie einfach nicht vorkam und gleichgesetzt wurde mit Faulheit. Jeder schuftete unablässig, jeder tat etwas, und das Tun zeigte auch Früchte. Dabei vermittelten unsere Eltern mir und meiner Schwester aber noch mehr als nur reine Knochenarbeit: Sie zeigten uns, wie wichtig soziales Engagement ist. Zehn Jahre vor dem Ruhestand konzentrierten sie sich vor allem darauf, körperlich und geistig leicht Behinderte im Betrieb einzusetzen und ihnen eine geschützte Arbeitsstelle zu schaffen. Was ich dabei gelernt habe, ist, dass sich Gutes nicht von selbst bewirkt. Man muss schon etwas dafür tun.

Durch den vollen Einsatz meiner Eltern für ihr Geschäft lernten meine Schwester und ich außerdem früh, selbstständig zu sein. Markus hingegen wohnte, als wir uns kennenlernten, immer noch zu Hause bei seinen Eltern, was ich in seinem Alter recht uncool fand. Ich war der Meinung, dass ein junger Mensch sich von daheim abnabeln sollte, dass er lernen muss, für sich selbst zu sorgen und auf eigenen Beinen zu stehen.

Darum drängte ich ihn, sich endlich eine eigene Wohnung zu nehmen. Ich wollte keinen Mann, der aus dem Haus seiner Eltern direkt zu seiner Ehefrau zog. Und wenn wir auch noch lange nicht so weit waren, machte ich keinen Hehl daraus, dass das für mich absolut zum Erwachsenwerden dazugehörte. Ja, ich machte das zur Bedingung und zögerte nicht, ihm ein Ultimatum zu stellen. Als er schließlich meinem Wunsch nachkam und in der Länggasse eine Einzimmerwohnung mietete, half ich ihm, sie gemütlich einzurichten.

Tatsächlich aber übernachtete er nach wie vor lieber in seinem Zimmer „zu Hause" in Toffen bei seinen Eltern.

Damals war mir immer noch nicht wirklich klar, dass es für ihn in vielen Phasen einfach nicht möglich ist, alleine zu leben. Er auch nicht alleine leben möchte. Wenn er die vierzehntägigen Antibiotikakuren zu Hause machen muss, ist das nicht zu bewerkstelligen. Er braucht Unterstützung und Hilfe, und die waren in seiner Familie einfach selbstverständlich gegeben.

Was den berühmten Abnabelungsprozess vom Elternhaus anbelangte, musste ich das ja selbst noch lernen. Zwar hatte ich schon früh eine eigene Wohnung im Haus meiner Eltern beziehen dürfen und führte ein selbstständiges Leben. Und doch waren Mutter und Vater immer noch meine ersten Ansprechpartner.

Beim anderen sieht man die „Fehler" immer klarer als bei sich selbst. Und auch ich reagierte sehr empfindlich, wenn Markus irgendetwas gegen meine Familie vorbrachte, was eigentlich sehr selten vorkam. Wenn ich sagte: Dies und jenes hast du in deiner Familie einfach nicht gelernt, machte er sofort die Schotten dicht.

So konnten lächerliche Anlässe, wie zum Beispiel sein neuer Haarschnitt, eine Diskussion auslösen, die im Wortgefecht irgendwann bei der Familie des anderen landete, und dann wurde es so grundsätzlich, dass wir am Ende alle beide sauer waren.

In jener Zeit empfahl mir meine Mutter ein Buch, das mein Verständnis in Bezug auf den liebevollen Umgang miteinander entscheidend verändert hat. Es heißt *Die fünf Sprachen der Liebe* von Gary Chapman.

Wie kommunizieren wir in der Liebe? Wie zeigen wir unsere Gefühle dem anderen auf eine Weise, dass er sie versteht und sich tatsächlich geliebt fühlt?

Ich lernte, dass jeder Mensch ein anderes Verständnis davon hat, was er als ein Zeichen der Liebe interpretiert, welche

Sprache er spricht. Gary Chapman nennt hier Lob und Anerkennung, Zweisamkeit, Geschenke, die von Herzen kommen, Hilfsbereitschaft und Zärtlichkeit. Liebe zeigt sich auf vielfältige Weise, und was Liebe ganz genau ist, darüber streiten sich seit Jahrtausenden nicht nur die Gelehrten, sondern auch Dichter und Denker.

Alles ist eine Frage der Kommunikation. Konflikte können auch dann entstehen, wenn wir uns missverstehen, wenn wir die Liebessprache des anderen nicht erkennen. Was für den einen ein Liebesbeweis ist, damit kann der andere möglicherweise überhaupt nichts anfangen.

Bei der Lektüre dieses Buches begriff ich, dass Markus und ich tatsächlich unterschiedliche Sprachen sprechen, wenn wir einander unsere Liebe zeigen. Für mich zum Beispiel ist es ein Liebesbeweis, wenn jemand mir seine Hilfsbereitschaft zeigt. Und Markus gegenüber ist es für mich selbstverständlich, ihn zu entlasten, ihm zu helfen, Lösungen zu finden, um den Alltag angenehmer und leichter zu gestalten und das alles zu organisieren.

Markus dagegen, so wurde mir klar, versteht am besten, dass er geliebt wird, wenn man ihm Anerkennung und Lob zeigt. Von klein auf haben seine Eltern versucht, Konflikte auf eine äußerst einfühlsame Art mit ihm zu lösen, ihn zu ermutigen und zu loben. Für Dinge, die in den Augen anderer ganz selbstverständlich waren, nichts Besonderes, aber für einen Jungen, der unter Mukoviszidose leidet, durchaus eine große Leistung. Das haben sie wirklich großartig gemacht, denn auf diese

Weise wurde aus Markus ein so positiver, optimistischer und kreativer Mensch, der sich viel zutraut und sich auch über kleine Erfolge riesig freuen kann.

Soweit ich es einschätzen kann, wurde Markus wenig kritisiert, und so kam es, dass es für ihn nicht einfach ist, mit Kritik umzugehen. Vor allem, wenn sie brüsk geäußert wird, und nicht liebevoll und konstruktiv, was natürlich immer der bessere Weg ist. Leider war das früher überhaupt nicht meine Art, und darum waren für ihn meine oftmals harschen Äußerungen kränkend.

In einem leistungsorientierten Elternhaus lernt man, mit Kritik umzugehen, man versucht sich stets zu verbessern und selbst Kritikpunkte zu finden, um sie auszumerzen. Wenn es Konflikte zwischen mir und meiner Schwester gab, dann haben wir sie laut und heftig ausgetragen, und danach war alles wieder gut. Markus jedoch zog sich in sein Schneckenhaus zurück, wenn ich heftig und aufbrausend war und ihn kritisierte. Um in Tierbildern zu sprechen: Er wurde zu einem Igel, der sich unangreifbar machte und seine Stacheln zeigte, während ich wie ein zorniges Nashorn die Konfrontation suchte. Anfangs brauchte es oft zwei ganze Tage, bis wir uns dann wieder versöhnen konnten.

So rauften wir uns nach und nach zusammen. Ohne es zu merken, wuchsen wir miteinander auch daran, wie wir unsere Konflikte miteinander austrugen. Zum Glück hatte Markus bei aller Sensibilität genügend Selbstbewusstsein, um sich zu wehren, und stellte unsere Beziehung trotz all meiner Kritik, die auf ihn einprasselte, nie infrage und hielt das Ja, das er mir von Anfang an entgegenbrachte, immer aufrecht. Und so war es auch ein Liebesbeweis, dass er in die kleine Wohnung zog. Er hatte verstanden, wie wichtig mir das war. Dennoch war ich noch nicht bereit für den nächsten Schritt.

„Mach mir bloß noch keinen Antrag", sagte ich eines Tages im Spaß zu Markus, rein prophylaktisch. „Ich brauche einfach noch Zeit."

Irgendwann kam ich aber an einen Punkt, an dem ich mir sagte: „Entweder gehe ich jetzt den nächsten Schritt und lasse mich auf Markus ein, oder eben nicht."

Mir war allerdings inzwischen klar geworden, dass ich mit einem anderen Partner mit Sicherheit ähnliche Probleme haben würde. Die Vorstellung, dass es den einen, perfekten Partner gibt, die musste ich verabschieden. Und wie hatte Martina so schön gesagt: „Auch du bist nicht perfekt. Kein Mensch ist das." Und selbst wenn es ihn gäbe, vielleicht wäre das Zusammenleben mit einem perfekten Partner überhaupt nicht so erstrebenswert. Wäre es nicht langweilig auf die Dauer, wenn man sich immer einig wäre? Und wäre es nicht wahnsinnig anstrengend, selbst immer perfekt sein zu müssen?

Markus liebte mich und ich liebte ihn. In ihm würde ich einen Mann haben, der bereit war, an den Schwierigkeiten, die wir noch immer miteinander hatten, zu arbeiten und selbst daran zu wachsen.

MARKUS

Wenn ich etwas in meinem Leben lernen musste, dann ist es Geduld.

Obwohl ich eigentlich gar kein geduldiger Mensch bin, doch danach hat das Schicksal nicht gefragt. Und so wartete ich, bis Barbara bereit war für die große Entscheidung. Sie hatte mich quasi dazu gezwungen, eine eigene Wohnung zu mieten. Ich kam ihrer Bitte nach, auch wenn es finanziell nicht einfach für mich war, schließlich habe ich lediglich eine kleine Rente zur Verfügung. Dass ich so lange bei meinen Eltern wohnen blieb, hatte vor allem damit zu tun. Außerdem bin ich persönlich nicht der Meinung, dass jeder ab einem gewissen Alter allein leben muss.

Zu diesem Zeitpunkt konnte ich schon nicht mehr einer Arbeit nachgehen, also verbrachte ich krankheitsbedingt viel Zeit zu Hause. War es da nicht viel sinnvoller, bei meiner Familie zu bleiben, statt allein in einer Einzimmerwohnung zu sitzen und die Wände anzustarren?

Doch da es Barbara so wichtig war, zog ich von daheim aus. Auch wenn ich diese Wohnung wenig nutzte, verbindet mich mit ihr trotzdem eine ganz besonders schöne Erinnerung. In dieser Wohnung machte ich nämlich Barbara schließlich den Antrag.

Dass Frauen oft einen sehr spezifischen Geschmack haben und in so wichtigen Geschenken wie zum Beispiel dem Verlobungsring nicht enttäuscht werden wollen, war mir klar. Und Barbara hat in vielen Dingen sehr konkrete Vorstellungen davon, was ihr gefällt und was nicht. Ihre Schwester ist da ähnlich. Sie ging sogar eines Tages zum Blumengeschäft ihres Ortes, um einen Strauß, den ihr jemand geschenkt hatte, wieder umzutauschen, weil er ihr nicht gefiel. Solche Anekdoten sind typisch für die Familie meiner Frau.

Ich wollte auf keinen Fall etwas falsch machen, und darum fragte ich Barbaras Schwester Susanne, ob sie Lust hätte mitzukommen, als ich den Ring für Barbara aussuchte. Schon zuvor hatte mir Barbara bei so manchem Stadtbummel in den Auslagen von Juwelieren gezeigt, was ihr gefiel und was nicht. Und so wählte ich einen Ring aus Weißgold mit sieben Brillanten aus, die wie eine Blüte angeordnet waren. „Der gefällt ihr ganz bestimmt!", meinte Susanne.

Ich hatte mir vorgenommen, dass Barbara diesen Abend nie vergessen sollte. Und darum plante ich alles mit Bedacht.

Meine kleine Wohnung dekorierte ich mit Lichterketten und Rosenblättern, stellte Sekt kalt und wählte die passende Musik. Ich suchte einen Tag aus, an dem wir am Nachmittag einen Spa-Besuch geplant hatten, da wären wir beide hinterher schön entspannt. Eigentlich hätte Barbara an diesem Abend einen Gruppentermin in unserer Gemeinde gehabt, doch im Geheimen sagte ich diesen ab.

Ich verriet ihr nichts von all dem, es sollte schließlich eine Überraschung werden. Als wir aus dem Spa kamen, schlug ich vor, kurz in meine Wohnung hochzugehen, um die Badesachen aufzuhängen, doch in Wirklichkeit sollte der Abend ganz anders verlaufen, als Barbara dachte.

Als sie die Tür öffnete und alles so schön vorbereitet fand, da verstand sie, was ich im Sinne hatte. Wie es sich gehört, sank ich vor ihr auf die Knie und fragte sie, ob sie meine Frau werden wollte. Es war ein sehr glücklicher Moment, als ich sie aus vollem Herzen Ja sagen hörte. Ich steckte ihr den Ring an und freute mich an ihrer Begeisterung.

„Und jetzt", sagte ich, nachdem wir miteinander angestoßen hatten, „gehen wir erst einmal richtig schön essen."

BARBARA

Obwohl ich ahnte, dass er mich früher oder später fragen würde, war es an diesem Abend im November 2011 eine komplette Überraschung für mich. Eigentlich war ich todmüde, denn die Nacht vor unserem Wellnessnachmittag hatte ich gearbeitet. So kam es, dass ich diesen wunderschönen Abend wie durch einen dichten Nebel erlebte. Und Markus hatte sich so viel Schönes ausgedacht.

Markus' Liebessprache ist das Schenken, und deshalb habe ich ihm schon im Vornherein verboten, zu viel Geld für einen sündteuren Verlobungsring auszugeben. Er liebt es, mir schöne Dinge zu schenken. Der Ring war perfekt. Und hoffentlich nicht zu teuer.

Ich hatte Markus einmal erzählt, dass ich vor einigen Jahren mit einer guten Freundin in Las Vegas gewesen war. Damals war ich noch keine einundzwanzig Jahre alt und durfte zu meiner Enttäuschung in den Casinos nicht einmal zuschauen, wie andere spielten. Und selbst die Cola light an der Bar blieb mir verwehrt.

Daran hatte sich Markus erinnert, denn er führte mich anschließend ins Casino im Kursaal Bern, in dem ein gutes Lokal untergebracht ist.

Hier hatte Markus ein Menü mit mehreren Gängen bestellt, außerdem kam ein Zauberer an unseren Tisch und machte ein paar Tricks. Anschließend wechselten wir ins eigentliche Casino. Wir erhielten eine Führung und setzten dreißig Franken. Ich verlor alles, Markus jedoch gewann hundert Franken, unsere Stimmung war bestens.

Als ich später zu Hause ankam, stand ein Strauß weißer Rosen auf dem Tisch, den meine Mutter auf Bitten von Markus vorher dort abgestellt hatte. Das alles sind so liebevolle Gesten, die typisch für Markus sind. Sie zeigen, was für ein fantasievoller, sensibler Mann er ist.

Nun waren wir also verlobt, eineinhalb Jahre, nachdem ich mich auf unsere Beziehung eingelassen hatte. Und dabei ist etwas Wunderbares passiert. Mit meinem Ja hatte meine innere Zerrissenheit mit einem Mal ein Ende. Es war, als ob Gott endlich Frieden in mein Herz gelegt hätte. Und dafür bin ich ihm bis heute dankbar. Die Hintertür, die ich mir stets offen gehalten hatte, um die Beziehung vielleicht doch noch zu beenden, schloss sich. Das brachte mir eine unglaubliche Erleichterung. Ich blickte nun nach vorne. Und freute mich auf ein Leben mit Markus.

05

Was ist schon normal?

BARBARA

Eine wichtige Frage, die wir vor unserer Verlobung miteinander klärten, war die nach der Familienplanung. Würden wir Kinder miteinander haben können? Denn das war schon immer ein Wunsch von mir gewesen. Die große Frage war: Hatten wir die Chance, gesunde Kinder zu bekommen?

Nun ist das bei jungen Paaren normalerweise erst einmal überhaupt kein Thema. Sicherlich ist es gut, wenn man sich vorher darüber verständigt, wie der andere zum Thema Kinderwunsch steht. Wenn man sich darin grundsätzlich einig ist, bedarf es aber zunächst einmal keiner weiteren Überlegungen.

Das war bei uns anders, denn Mukoviszidose ist eine Erbkrankheit, allerdings eine sogenannte autosomal-rezessive.

Jeder Mensch trägt zweiundzwanzig Körperchromosomenpaare und ein Geschlechtschromosomenpaar in seinem Erbgut. Diese beinhalten Informationen wie zum Beispiel für Haarfarbe, Stoffwechselenzyme, Proteine und andere.

Bei Mukoviszidose ist die Information für ein bestimmtes Protein defekt, doch die Krankheit tritt nur dann in Erscheinung, wenn sich diese Mutation bei einem Menschen auf beiden Chromosomen in beiden Kopien des entsprechenden Gens befindet. Ist nur eines defekt, dann manifestiert sich die Krankheit nicht.

So kann es sein, dass beide Elternteile die verhängnisvolle Veränderung in jeweils einem der Chromosomenpaare aufweisen, davon aber nichts ahnen, weil sie selbst gesund sind. Das war bei Markus' Eltern der Fall. Solche Menschen, die den Gendefekt nur auf einem der Chromosomenpaare haben, selbst deswegen aber nicht erkranken, nennt man Träger. Markus' Eltern ahnten nicht, dass sie Träger dieser Krankheit waren, und auch nichts von dem Risiko, sie weiterzugeben.

Da sowohl Mutter als auch Vater Träger waren, lag die Wahrscheinlichkeit, kranke Kinder zu bekommen, bei fünfundzwanzig Prozent. In der Familie Hänni erkrankten drei von vier Kindern. Unter anderem auch, weil die Zwillinge eineiig sind.

Bei Markus sind also beide Chromosomen geschädigt. Deswegen war es für uns wichtig zu klären, ob ich Trägerin der Krankheit bin oder nicht. Denn wäre dies der Fall, dann läge die Wahrscheinlichkeit für unsere Kinder, ebenfalls an Mukoviszidose zu erkranken, bei fünfzig Prozent. Und dieses Risiko wollten wir verständlicherweise zum Wohle unserer Kinder nicht eingehen.

Das war eine belastende Frage, denn in Europa ist dies der häufigste Gendefekt. Allein in der Schweiz sind rund vier Prozent der Bevölkerung Träger.

Zum Glück stellte sich bei einer Untersuchung, die ich bereits vor unserer Verlobung machen ließ, heraus, dass ich keine Trägerin bin, meine beiden Chromosomen sind gesund.

Die Nachricht war eine riesige Erleichterung für uns, denn damit war ausgeschlossen, dass wir Kinder haben würden, die an Mukoviszidose leiden. Allerdings war damit auch klar, dass sie mit Sicherheit Träger der Krankheit sein würden. Also müssen sie, wenn sie einmal erwachsen sind und heiraten wollen, untersuchen lassen, ob ihre Partner womöglich auch ein defektes Gen tragen. Das ist natürlich schon eine Belastung, und wir haben damals viel und lange miteinander diskutiert und Für und Wider sorgfältig gegeneinander abgewogen.

Wir waren beide sehr dankbar und froh über das Ergebnis. Vor allem für mich bedeutete es, dass ein Ja zur Ehe mit Markus nicht automatisch ein Nein zu eigenen Kindern heißen würde.

Zunächst aber hatte ich noch andere Pläne. Ich war schließlich erst vierundzwanzig Jahre alt und wollte einen alten Traum in die Tat umsetzen: das Medizinstudium. Ich arbeitete gerne in der Pflege, auch bereits recht früh in verantwortungsvoller Position als stellvertretende Stationsleiterin, doch eine Laufbahn als Stationsleiterin konnte ich mir einfach nicht vorstellen. Außerdem wollte ich auch eine erfüllende Perspektive haben, wenn es mit den Kindern nicht klappen sollte.

Darum setzte ich ab Herbst 2011 das in die Tat um, was ich schon früher angekündigt hatte: Ich machte die gymnasiale Matura nach, um die Voraussetzungen für ein Medizinstudium zu erfüllen, und zwar berufsbegleitend neben meiner Arbeit im Spital, die ich auf achtzig Prozent reduzierte.

Die beiden folgenden Jahre waren eine anstrengende Zeit für mich. Während ich arbeitete, an den Wochenenden die Schule in Zürich besuchte und lernte, planten wir gemeinsam auch noch unsere Hochzeit und Markus arbeitete an seinem ersten Buch.

MARKUS

„Ich bin 29 und eigentlich sollte ich längst tot sein. Aber man muss ja nicht immer das tun, was andere sagen."

Das steht als Motto über diesem Buch, an dem ich damals arbeitete.

Bis ich das für mich so beherzigen konnte, war es ein langer Weg für mich. Mit sechsundzwanzig hatte ich nach monatelangem Spitalaufenthalt mit mehreren fruchtlosen Operationen geglaubt, mein Leben nicht mehr ertragen zu können. Alles war schwer und dunkel um mich, einen Ausweg sah ich nicht, denn auf Heilung konnte ich nicht hoffen.

In der schwärzesten Nacht meines Lebens wollte ich meinem Leiden ein Ende bereiten. Ich glaubte fest daran, dass Gott mich in meiner Not nicht von sich stoßen, sondern mich in seiner Güte zu sich holen würde. Und so stahl ich aus dem Arzneischrank meiner Station ein Medikament, das den Herzmuskel lähmt.

Ich verabreichte mir eigenhändig diese Substanz und die Wirkung setzte augenblicklich ein. Sofort fühlte ich ein enormes Brennen in der Brust, dann war meine Zunge gelähmt. Ich nahm noch Bewusstseinsschwankungen wahr.

Danach war Stille.

Doch obwohl die Dosis mehr als ausreichend war, um drei Männer wie mich zu töten, wachte ich viele Stunden später wieder auf und wurde auf der Intensivstation betreut.

Gott war offenbar der Meinung, dass mein Weg hier auf Erden noch nicht zu Ende war.

Die Botschaft war klar: Ich sollte leben.

Ich fühlte mich fürchterlich nach jenem Erwachen. Schuldig. Und irgendwie schmutzig. Ich erkannte, wie feige es doch gewesen wäre, mich einfach so davonzustehlen. Mir wurde jäh bewusst, welche Lücke ich zurückgelassen hätte. Meine Eltern hatten so viele Jahre lang um mein Leben gekämpft. Und ich hätte es einfach so weggeworfen?

Damals begann ich, mich nicht als Opfer zu sehen, sondern war entschlossen, die Möglichkeiten, die mir die Krankheit lässt, zu nutzen. Schon während meiner Kindheit wurde meinen Eltern mein baldiges Ableben so oft von Laien und Ärzten prophezeit, dass sich inzwischen keiner von uns Hännis mehr von Statistiken und Prognosen einschüchtern lässt. Die Statistik ist das eine. Der einzelne Mensch das andere.

In Barbara habe ich zum Glück eine Partnerin gefunden, die das genauso sieht. Barbara ist eine Kämpferin, sie gibt das Äußerste, damit es mir so gut wie möglich geht, ohne die Realität aus den Augen zu verlieren. Sie hält mir den Rücken frei.

Die Arbeit an meinem ersten Buch half mir, meine Erfahrungen, Gedanken und Gefühle entlang eines roten Fadens zu ordnen und zu formulieren. Das befreit und tut unendlich gut. Außerdem konnte ich darin meine aufkeimende Liebe zu Barbara ein wenig protokollieren und ihr das Buch am Ende sogar widmen.

Vor allem ging es mir aber darum, eine Brücke zu schaffen zwischen Menschen, die mit chronischen, unheilbaren Erkrankungen nichts zu tun haben, und den Betroffenen. Schon allein der Bericht von unserer Londonreise zeigt, welche Auswirkungen es hat, wie offen oder eben nicht wir mit den Auswirkungen von Krankheiten umgehen.

Ich habe selbst lernen müssen, wie unendlich wichtig es ist, meine Bedürfnisse zu kommunizieren, meine Scham zu überwinden und offen dazu zu stehen, was ich im Augenblick brauche.

Ich weiß, dass es vielen kranken Menschen genauso geht. Dass sie fürchten, es sei eine Zumutung für ihre Umwelt, mit den Auswirkungen ihrer Krankheit konfrontiert zu werden.

Aber genau das Gegenteil ist der Fall. Sprechen wir nicht über die Situation, so wie sie nun einmal ist, dann bereiten wir den Boden für eine Menge Missverständnisse.

Ich erlebe immer wieder, dass viele Menschen den Begriff Cystische Fibrose, wie die Krankheit in der Schweiz bezeichnet wird, oder Mukoviszidose, den in Deutschland üblichen Namen, noch nie gehört haben. Man sieht, wie gesagt, den Betroffenen in der Regel ihr Leiden nicht an. Dennoch nimmt es in ihrem Alltag einen großen Raum ein.

Zeitintensive Therapien, Arztbesuche und Spitalaufenthalte sind notwendig, außerdem müssen sie ständig eine große Menge an Medikamenten einnehmen.

Die Einschränkungen im täglichen Leben sind oftmals erheblich. Umso wichtiger ist eine offene und gezielte Information.

Das betrifft beileibe nicht nur Patienten mit Mukoviszidose. Genauso möchte ich auch allen an irgendeinem Handicap leidenden Menschen, denen es schwerfällt, offen darüber zu sprechen, Mut und Hoffnung machen. Ich werbe für mehr Verständnis in der Öffentlichkeit und setze mich aktiv für den Abbau dieser zwischenmenschlichen Hürden ein und der Hemmungen, die mit Krankheit und Behinderung verbunden sind. Dazu gehört zum Beispiel, die Realität so aufzuzeigen, wie sie ist. Denn das ist die Voraussetzung für einen lebendigen und fruchtbaren Austausch zwischen chronisch kranken und gesunden Menschen.

Deswegen betreibe ich die Internetseite *cystischefibrose.net*, sie ist Informationsquelle und Austauschmöglichkeit zugleich. Hier möchte ich anderen Betroffenen Rückhalt geben.

Ich stelle immer wieder fest, dass eine Menge Gerüchte über meine Krankheit kursieren. Sehr oft wagen die Leute nicht, genauer nachzufragen. Daraus entstehen Halbwahrheiten und Missverständnisse. Auch deshalb ist es wichtig, dass man zu einem offenen Gespräch findet und so für Klarheit sorgen kann.

Viele Missverständnisse basieren auf Fehlinformationen oder Halbwissen. So wurde ich beispielsweise schon gefragt, warum ich mir nicht längst eine Spenderlunge implantieren ließ, damit hätte ich ein für alle Mal Ruhe vor all diesen Infekten, die mich regelmäßig zurückwerfen.

Ja, es wäre schön, wenn mir eine Lungentransplantation tatsächlich Erleichterung verschaffen würde. Doch dabei gibt es eine Menge Aspekte, die ein Laie nicht wissen kann, und die eine solche Lösung für mich – vorerst zumindest – ausscheiden lässt.

Es gibt tatsächlich Ereignisse im Leben eines Mukoviszidose-patienten, die sehr dramatisch wirken und Uneingeweihte mit-unter schockieren können, auch wenn solche zum Glück selten eintreten. So etwas geschah – und ich erzähle diese Episode bei aller Offenheit nicht gerne – ausgerechnet bei der Hochzeit von Joel und Martina im Jahr 2006. Das war lange, bevor ich Barbara kennenlernte, und doch war sie damals in der Nähe. Es war das erste Mal, dass sie aus der Ferne wahrnahm, was diese Krankheit für mich im täglichen Leben bedeuten kann. Sie wirbelt doch viel durcheinander, gerade auch in Momenten, wenn es eigentlich festlich zugehen sollte ...

Gemeinsam mit zwei anderen Freunden hatte ich für diese Feier einen kleinen Theaterauftritt für den Abend vorbereitet, wir hat-ten lange dafür geprobt und ich freute mich riesig darauf. Die Ze-remonie in der Kirche war berührend gewesen, der Apéro-Emp-fang danach sehr schön.

Nun waren meine Freunde und ich im Auto unterwegs zu dem Ort, wo gefeiert werden sollte.

Im Auto hatten wir drei einen solchen Spaß, sodass wir alle sehr lachen mussten. Doch bald bemerkte ich einen unangeneh-men Geschmack nach Eisen in meinem Mund. Ich kannte das, ich schmeckte Blut. Mein Atem ging nur mehr röchelnd. Ich wuss-te, worauf das hindeutete. In meiner Lunge hatte vermutlich ein Gefäß zu bluten begonnen, wahrscheinlich aufgrund des Drucks durch mein herzliches Lachen.

Ein gutes Zeichen ist es nie, wenn ich Blut schmecke. Aber

ich kenne dieses Phänomen, und meistens geht es bald wieder vorüber.

An unserem Ziel angekommen, begab ich mich gleich auf die Herrentoilette und versuchte vorsichtig, mit einer speziellen Atemtechnik den Blutfilm, der sich auf die Schleimhaut meiner Bronchien gelegt hatte, abzuhusten.

Doch auf einmal ergoss sich ein regelrechter Blutschwall aus meiner Lunge, immer wieder, es wollte überhaupt nicht aufhören. Ich geriet in Atemnot.

Leute kamen auf die Toilette und umringten mich entsetzt. Ich eilte ins Freie, entfernte mich möglichst weit von der Hochzeitsgesellschaft. Ich rang nach Luft und taumelte zum Rand des Grundstücks auf eine Wiese zu, um mit meinem Blut nicht noch mehr die Einfahrt und das Grundstück zu besudeln.

Ein Gefühl von Peinlichkeit übermannte mich, als ein Freund andere um Hilfe rief. Dazu wurde mir von der Atemnot schwindlig. Ich setzte mich ins Gras, bis einige Menschen kamen, um mir beizustehen.

Zum Glück war darunter eine Pflegefachfrau, die sich meiner annahm. Man führte mich zu einer Bank, auf die ich mich setzen konnte. Jemand rief die Ambulanz, ein anderer brachte mir aus der Küche irgendein Gefäß, in das ich das Blut hineinhustete.

Letztlich sah das alles wohl viel dramatischer aus, als es tatsächlich war. Jedenfalls ging es nicht um Leben und Tod, auch wenn es für Außenstehende aufgrund des Bluts so wirken musste. Bei

Menschen mit einem geringeren Atemvolumen als meines kann eine solche Blutung allerdings schnell lebensbedrohlich werden.

Schon im Krankenwagen schämte ich mich. Und als man mit mir davonfuhr, dachte ich bitter: „So. Jetzt hast du deinem Freund die Hochzeit auf unattraktive Weise unvergesslich gemacht!"

BARBARA

Auf dieser Hochzeit war ich übrigens auch. Damals war ich noch ganz neu in der Gemeinde und kannte außer der Braut nur ganz wenige Menschen. Dass mich Joel und Martina trotzdem zu ihrer Hochzeit einluden, überraschte und freute mich. Markus kannte ich damals nur vom Sehen, von seinen Theaterauftritten und sonstigen Aktivitäten in der Kirche.

Ich hatte versprochen, für die Hochzeitstorte zu sorgen, die ich im Geschäft meiner Eltern gemacht hatte, und war vor Ankunft des Brautpaars sehr damit beschäftigt, eine schöne Form der Präsentation zu organisieren. Ein Servierwagen auf Rollen stand parat, doch an Ort und Stelle stellte ich fest, dass zu dem Raum, in dem gefeiert werden sollte, eine steile Treppe hinaufführte.

Ich war also gerade dabei, eine Lösung zu improvisieren, als ich plötzlich große Aufregung wahrnahm und hörte, dass irgendetwas passiert war.

Ich lief nach draußen, um zu sehen, ob ich etwas tun könnte. Und sah Markus, umringt von Menschen. Mein erster Impuls war, hinzulaufen und zu helfen. Damals war ich gerade in meinem zweiten Ausbildungsjahr zur Pflegefachfrau, und da ich über Mukoviszidose eine Arbeit geschrieben hatte, fühlte ich mich ein wenig kompetent. Aber ich traute mich nicht, näher zu treten.

Außerdem sah ich, dass sich schon genügend Menschen um Markus kümmerten. Und obwohl ich schrecklich gerne nach Markus gesehen hätte, wollte ich nicht sensationslüstern erscheinen. Es war klar, dass Markus nicht viel davon gehalten hätte, wenn man um ihn herum gestanden und ihn angegafft hätte. Das wäre mir selbst auch nicht recht gewesen.

Die Ambulanz kam, kurz bevor das Brautpaar eintraf. Und Martina, die ebenfalls Pflegefachfrau von Beruf ist, fragte arglos, als sie den Rettungswagen sah: „Gehört das zum Programm?" Sie konnte ja nicht wissen, was geschehen war.

Zum Glück ist eine solche Lungenblutung oder Hämoptoe, wie der Fachbegriff heißt, selten. Damals musste Markus einige Tage im Spital bleiben. Dort erhielt er Kortison sowie zwei hoch dosierte Kombinationsantibiotika.

Bei einer Hämoptoe platzt ein Blutgefäß in der Lunge. Das passiert, weil sich durch die vielen Entzündungen Zysten bilden und die Gefäße gedehnt und spröde werden. Ist die Wunde nicht allzu groß, lässt sich die Blutung durch Ruhe und Medikamente stoppen.

Ist die Blutung stark, dann müssen die Blutgefäße allerdings operativ verschlossen, das heißt, embolisiert werden. Dabei geht man mit einem feinen Katheter durch die Leistenarterie in die Lungengefäße und spritzt Partikel ein, bis die Blutung gestillt ist.

Ein solcher Eingriff war damals nicht notwendig. Nach ein, zwei Tagen war das Blut verschwunden.

Damals wusste ich über diese Details natürlich nicht Bescheid. Ich hätte nämlich nicht im Traum daran gedacht, dass Markus und ich einmal eine Familie gründen würden. Trotzdem erkundigte ich mich nach Markus' Zustand. Auch wenn wir uns persönlich noch gar nicht kannten, so beschäftigte mich der Vorfall während jener Hochzeit doch sehr. Freud und Leid lagen hier schon sehr eng beieinander.

06

Ja!

BARBARA

Schon als junges Mädchen hatte ich ziemlich genaue Vorstellungen davon, wo ich einmal heiraten wollte. Meine Eltern besitzen ein Haus in Ligurien direkt am Meer, dort verbrachten meine Schwester und ich von klein auf unsere Ferien.

Ich fühle mich bis heute diesem Ort sehr verbunden, der für mich der Inbegriff von Sommer, Sonne und Meer geworden ist, wo es so viele erste Male gab, und an dem so viele Erinnerungen hängen. Allein der Anblick des Mittelmeers, das sich unter dem weiten Himmel vor uns dort ausbreitet, hat etwas unglaublich Beruhigendes und Erholsames für mich. Der Duft der mediterranen Pflanzen, nach Sonnencreme und der salzige Geschmack des Windes – all das ruft immer wieder eine ganze Kaskade an Bildern einer glücklichen Kindheit und Jugend in mir wach. Im Dorf kenne ich jeden Winkel, und da ich fließend Italienisch spreche, bin ich mit vielen Einheimischen bekannt. So ist die Ankunft in unserem Feriendomizil jedes Mal ein bisschen wie ein Nach-Hause-Kommen.

Etwas oberhalb gibt es im Ort einen schönen Platz mit zwei Kirchen. Von dort hat man einen herrlichen Blick über die Küste und auf das Meer. Und immer wenn ich mit meinen Freundinnen dort war, sagte ich: „Hier möchte ich einmal heiraten!"

So weit meine romantischen Vorstellungen. Doch als es nun so weit war und wir uns konkret überlegten, wie wir unsere Eheschließung feiern wollten, wurde mir klar, dass eine Hochzeit in Italien bedeuten würde, auf viele der uns wichtigen Gäste zu verzichten. Es wäre eine recht kleine Feier geworden, denn wer kann es sich schon leisten, für die Hochzeit eines befreundeten Paares bis nach Ligurien zu reisen?

Und obwohl Markus bereits zweimal mit uns dort die Ferien verbracht hatte, hatte er natürlich nicht dieselbe Bindung zu diesem Ort wie ich.

Markus war damals noch mehr als ich in unserer Kirchengemeinde eingebunden. Bis heute realisiert er dort künstlerische Projekte, sie ist für ihn ein wichtiger Ort, an dem er sich mit Freunden austauschen kann, einem großen Kreis von Menschen, die uns beiden nahestehen. Und wir wollten gerne, dass auch diese Menschen uns an diesem besonderen Tag begleiten konnten.

Also fanden wir einen Kompromiss. Wir beschlossen, dass wir in Italien standesamtlich heiraten und die klassische Hochzeit zu Hause feiern wollten. Auf diese Weise hatten wir von beidem etwas, ich musste auf meinen Traum nicht ganz verzichten, und dennoch konnten wir diesen großen Tag mit all unseren Freunden feiern.

Das Standesamt befand sich in dem ehrwürdigen alten Kloster Santa Catarina und hätte schöner nicht sein können. Im Juli 2012 reisten unsere Familien nach Ligurien, um vor dem Hochzeitstag noch einige erholsame Tage zu genießen.

Es war ein herrlicher Tag, an den ich mein Leben lang gerne denken werde. Auf dem Weg zum Standesamt trafen wir

Dorfbewohner, die mich schon als Kind gekannt hatten und sich mit uns freuten. Nach der Trauung aßen wir an meinem Lieblingsstrand in einem Restaurant zu Mittag, in dem ich als Jugendliche eine Urlaubssaison im Service mitgearbeitet hatte, auch hier waren wir keine Fremden, sondern genossen die frische ligurische Küche unter alten Bekannten. Den Nachmittag verbrachten wir bei schönem Wetter am Strand, und abends statteten wir meiner Lieblingspizzeria einen Besuch ab – ein rundum gelungener, entspannter und doch festlicher Tag.

Es war schon verrückt, wie sehr sich meine Gefühlslage in den letzten Jahren verändert hatte. Bis zur Verlobung hatte ich so sehr mit mir gerungen, so viele Fragen, Zweifel, Ängste mit mir herumgetragen.

Und nun empfand ich eine große, tiefe Freude und das Gefühl einer großen Verbundenheit mit meinem mir – wenigstens schon vor dem Gesetz – angetrauten Mann. Das Gefühl, das man Liebe nennt.

Liebe.

Wir alle nehmen dieses Wort so oft in den Mund, und dennoch kann es kaum jemand wirklich erfassen. Ist Liebe ein Gefühl? Oder hat es etwas mit einem Entschluss zu tun, einem *commitment*, wie man auf Englisch sagt, eine Art Bekenntnis zu etwas, eine Selbstverpflichtung?

Ich glaube heute, dass die wahre Liebe mit dem altgriechischen Begriff der *Agape* in der Bibel gleichzusetzen ist, als einer

Hingabe, die sich an den anderen verschenkt. Einer Liebe, die den anderen höher schätzt als die eigenen Bedürfnisse. Sie gipfelt in der Liebe Jesu, der sein Leben für uns aus dieser absoluten Form von Liebe heraus geopfert hat. Seine Liebe hilft mir, meinen Mann mit derselben Hingabe zu lieben.

Im Grunde steht das im Gegensatz zu allem, was unsere Gesellschaft uns tagtäglich vermittelt. Es geht immer in erster Linie um uns selbst, erst danach um den anderen.

Dass es glücklich machen könnte, auf etwas einem anderen zuliebe zu verzichten, ist in unserer Welt schwer zu vermitteln. Das beginnt beim täglichen Leben, im Alltag, im Umgang miteinander bis hin zur Sexualität, die aber doch erst dann beglückend erlebt werden kann, wenn man die Bedürfnisse und Wünsche des Partners wahrnimmt und achtet.

Das Naturell des Menschen ist wohl grundsätzlich egoistisch geprägt. Sicher war das einmal notwendig im Überlebenskampf und für die Erhaltung unserer Spezies.

Liebe deinen Nächsten wie dich selbst, steht dagegen im Alten Testament (Buch Levitikus 19,18) und wird im Neuen Testament mehrfach wieder aufgegriffen (z. B. Markus 12,31 und Galaterbrief 5,14).

Das ist natürlich schon ein hoher Anspruch. Wenn wir ehrlich sind, dann sind es meistens unsere eigenen Interessen, die wir in den Vordergrund stellen, oder nicht?

Zum Ehepartner hat die Bibel noch etwas anderes zu sagen. Einzeln betrachtet sind die Empfehlungen eher dazu angetan, einem modernen, jungen Menschen Unbehagen zu bereiten. Es ist harte Kost, die dieser antike Eheratgeber einem da auftischt, aber es lohnt sich, es im Detail anzuschauen. Denn gemeinsam gesehen zeichnen die Ratschläge an Mann und Frau ein sehr schönes Bild des ehelichen Miteinanders.

Doch sehen wir uns das in Ruhe an.

In seinem Brief an die Epheser schreibt Paulus (5,21–25):

Ordnet euch einander unter; tut es aus Ehrfurcht vor Christus. Ihr Frauen, ordnet euch euren Männern unter, so wie ihr euch dem Herrn unterordnet.

Denn wie Christus als Haupt für seine Gemeinde verantwortlich ist, die er erlöst und zu seinem Leib gemacht hat, so ist auch der Mann für seine Frau verantwortlich.

Und wie sich die Gemeinde Christus unterordnet, so sollen sich auch die Frauen in allem ihren Männern unterordnen.

Ihr Männer, liebt eure Frauen so, wie Christus seine Gemeinde liebt.

Gut, dies hier erscheint uns heutzutage nicht mehr wirklich zeitgemäß. Doch wenn jeder Partner die an ihn gerichtete Aufforderung ernst nimmt und befolgt, dann ordnet sich am Ende jeder dem anderen unter, achtet den anderen höher als sich selbst, und dies scheint mir eine wunderbare Voraussetzung, die Liebe im Alltag zu leben.

Das funktioniert natürlich nur, wenn sich beide daran halten, und zwar rückhaltlos und ohne Wenn und Aber. Da ist kein Raum für taktische Spielereien wie: „Soll mal der andere damit anfangen, dann mach ich es (vielleicht) auch", denn wenn beide so denken, dann wird es nie passieren.

Es braucht das rückhaltlose Vertrauen, damit Liebe fließen kann. Es braucht die Bereitschaft, sich zu verschenken, ohne daran zu denken, was zurückkommen wird. Aber auch die Bereitschaft anzunehmen, was der Partner zu geben hat.

Es ist nicht so, dass mir diese Erkenntnisse alle schon damals in vollem Umfang zugeflossen wären. Für mich war die Liebe ein Prozess, eine Entscheidung. Markus höher zu achten als mich selbst, daran arbeite ich immer noch sehr intensiv. Und jeden Tag aufs Neue.

Wenn ich so zurückschaue, dann wird mir klar, dass ich dreimal offiziell Ja zu Markus sagte: das erste Mal, als ich eine Beziehung mit ihm einging. Das zweite Mal, als ich seinen Antrag annahm und mich mit ihm verlobte. Und das dritte Mal bei unserer Hochzeit.

Das ist heute fünf Jahre her. Seitdem gab es unendlich viele weitere Male, in denen wir Ja sagten, auch wenn es keine Zeugen gab und das Ja nicht immer laut ausgesprochen wurde.

Im Grunde besteht das Zusammenleben aus täglichen, unausgesprochenen Jas. Und man könnte auch sagen: Liebe ist das beständige, an keine Bedingungen gebundene Ja zum anderen, in jeder Stunde, jeder Minute. Mit jedem Atemzug.

MARKUS

In den Tagen vor unserer standesamtlichen Trauung in Italien fragte ich meinen Schwiegervater, ob ich im Garten des Ferienhauses einen Strauch pflanzen dürfte. Er erlaubte es mir sofort, die ganze Familie fand die Idee schön.

Meine Wahl fiel auf einen feuerrot blühenden Hibiskus. Ich hatte so einen in anderen Gärten schon gesehen und mich sofort in die verschwenderische Blütenpracht verliebt. Rot sollte er sein und leuchtend, so wie das Leben, wie meine Liebe zu Barbara.

Gemeinsam suchten wir die Stelle aus und gruben ein ausreichend großes Loch, es gibt heute noch Fotos, auf denen man sehen kann, dass die ganze Familie sich um uns scharte, mithalf und Anteil nahm.

Dann fuhren wir zu einer Gärtnerei, ich suchte den Strauch aus und wir brachten ihn in den Garten.

Für mich hatte das Pflanzen dieses Strauchs eine tiefe Bedeutung. Ich wollte gerne, dass etwas von uns dort an jenem Ort, den Barbara so liebt, bleiben sollte, dass man noch Jahre später Freude an den Blüten haben und – möglicherweise – an uns denken würde. Auch dann, wenn ich einmal nicht mehr hier sein werde, soll der Hibiskus an diesen glücklichen Tag erinnern und an die Liebe, die uns verbindet.

Inzwischen ist er gewachsen, er gedeiht prächtig. Jedes Mal, wenn wir unseren Urlaub dort verbringen, können wir den Fortschritt sehen und uns an seinen Blüten freuen.

Dieser feuerrote Hibiskus ist unser Liebesbäumchen.

Es ist eine Metapher, aber sie passt. Denn so eine Pflanze muss man gießen, man muss sich um sie kümmern, sonst geht sie ein. Zum Glück hat mein Schwiegervater ein ausgeklügeltes Bewässerungssystem für alle Pflanzen in seinem Garten gebaut, und auch der Hibiskus wird von dieser Anlage versorgt.

Mit der Liebe ist es genauso. Soll sie lebendig bleiben, muss man sie nähren und sich um sie kümmern, und zwar Tag für Tag.

Wie zeige ich meiner Frau meine Liebe?

Ich bin jemand, der schrecklich gerne Geschenke macht. Zu meinem großen Schmerz erlaubt es mein Gesundheitszustand nicht, einer Arbeit nachzugehen, was mich schon lange und immer wieder sehr belastet. Denn ich bin jemand, der gerne Dinge gestaltet, etwas Sinnvolles tut, und die Zeiten, in denen mich mein Körper zum Stillstand zwingt, sind nicht einfach für mich.

Umso lieber bastle ich dann etwas oder schreibe etwas auf. Das schenke ich gerne Barbara, ob sie will oder nicht. Denn eigentlich weiß ich, dass es ihr viel mehr bedeutet, wenn man etwas für sie tut, ihr einen Gefallen erweist oder ihr eine Aufgabe abnimmt. Wenn man ihr hilft und ihr damit zeigt, dass sie nicht alleine dasteht.

Das würde ich so gerne viel häufiger tun, am liebsten würde ich sie auf Händen tragen und ihr alles Mögliche abnehmen, doch leider gerate ich da körperlich rasch an meine Grenzen. Aber das weiß sie ja. Und oftmals kommt es mehr auf die Geste an. Die Fähigkeit, sich in den anderen hineinzuversetzen und nicht fraglos davon auszugehen, dass der andere schon irgendwie so ähnlich tickt wie man selbst.

Denn daraus resultieren viele Missverständnisse in Partnerschaften. Da hilft es nichts zu sagen: „Wieso hast du das Gefühl, ich liebe dich nicht? Ich tu doch täglich so viel für dich!" Denn wenn die Liebessprache der Frau nicht Hilfsbereitschaft ist, wie es beispielsweise bei Barbara der Fall ist, dann kommt die Liebesbotschaft bei ihr einfach nicht an.

In jenem Sommer unserer Heirat ging für mich ein ganz großer Traum in Erfüllung. Barbaras Liebe und ihr Ja zu einem Leben mit mir war das größte Glück, das ich mir vorstellen konnte. Und ich war fest entschlossen, diesen Schatz zu hegen und zu pflegen. Für mich ist Barbara die Krönung der Schöpfung.

Natürlich gab es Menschen, die sagten Dinge wie:

„Jetzt heiratet der Markus? Der ist doch dem Tode geweiht!"

Was soll ich da sagen, meistens fühle ich mich nicht so. Ich bin mit dieser Krankheit aufgewachsen und kenne nichts anderes. Tatsache ist, dass wir alle eines Tages sterben werden, dies ist kein Schicksal, das mir alleine vorbehalten bleibt. Noch bin ich ziemlich lebendig und habe auch vor, es noch viele Jahre zu sein.

Barbara sagte einmal, sie habe sich für mehr Qualität statt Quantität entschieden. Das finde ich schön. Wie lange die Quantität unseres Lebens andauert, das weiß nur Gott. Doch über die Qualität können wir entscheiden. Jeden Tag wieder aufs Neue.

BARBARA

Fünf Tage nach unserer standesamtlichen Hochzeit feierten wir unsere kirchliche Hochzeit, und das natürlich auch mit unserer Kirchengemeinde. Meine Schwester, die Modedesignerin ist, entwarf und nähte für mich ein Brautkleid, ein schulterloser Traum in Weiß mit einer Korsage aus Spitze und einem luftigen Rock aus mehreren Lagen feinstem Seidentüll.

Dass Susanne das für mich gemacht hat, das hat mir viel bedeutet. Es sind genau diese Momente im Leben einer Frau, die wir mit jenen teilen möchten, die uns am nächsten stehen. Entsprechend habe ich die gemeinsame Zeit des Besprechens und Anprobierens mit meiner Schwester sehr genossen.

Bei dieser kirchlichen Feier konnten nun unsere Freunde und Verwandten dabei sein. Wir hatten eine schöne Kirche nicht weit von Schloss Thunstetten ausgewählt, wo anschließend gefeiert wurde. Markus' Vater spielt seit seiner Kindheit Geige und ist mit dem berühmten Schweizer Violinist Alexandre Dubach befreundet. Die beiden spielten, während mein Vater mich zum Altar führte. Das war sehr bewegend – und außerdem ist damit noch eine kuriose Geschichte verbunden.

Alexandre spielt auf einer echten Stradivari. Doch leider hatte er die am Tag vor unserer Hochzeit im Zug liegen gelassen. Er bemerkte es erst, als der Zug bereits weitergefahren war, und obwohl man sofort mit dem Begleitpersonal telefonierte, war die Stradivari verschwunden.

Da gab es natürlich einige Aufregung und die Zeitungen berichteten von dieser Geschichte. In den Tagen nach unserer Hochzeit sah es tatsächlich so aus, als sei das kostbare Instrument für immer verschwunden. Auf den Videos der Überwachungskameras konnte man schließlich ein unscharfes Bild von einem Mann erkennen, der mit einem Geigenkasten unter dem Arm den Zug verließ. Leider war es unmöglich, das Gesicht zu identifizieren.

Vermutlich gab unser Freund Alexandre die Violine schon verloren. Doch das Unwahrscheinliche geschah: Der Unbekannte gab die Stradivari zurück, nachdem er über einen Zeitungsartikel erfahren hatte, wem sie gehörte.

Nun, während unserer Hochzeit bekamen wir als Brautpaar von all dem nur am Rande etwas mit.

Unser Freund Joel übernahm es, uns das Trauversprechen abzunehmen, was uns besonders freute, und unsere Eltern sprachen den Segen. Der Pastor unserer Gemeinde hielt eine Predigt, ein anderer enger Freund moderierte gekonnt durch die Zeremonie und eine Band, bestehend aus guten Freunden, spielte und sang für uns. Die große, schöne Kirche war bis auf den letzten Platz besetzt.

So wurde diese Zeremonie zu einem persönlichen und denkwürdigen Ereignis.

Vor der Kirche warteten schon meine Stationskolleginnen auf uns, sie standen Spalier und warfen mit Blüten. Alle Gäste führten das Spalier fort und wir durchliefen einen Tunnel aus jubelnden Menschen. Dann luden wir alle auf das Schloss Thunstetten zum Apéro ein, so nennen wir in der Schweiz einen Aperitif mit einem reichhaltigen Fingerfood-Büfett.

Das Schloss bot einen wunderschönen Rahmen, und auch die Gastronomie war ausgezeichnet. Mir war es wichtig, dass alle Gäste unseren Freudentag genießen konnten und nicht etwa mithelfen mussten. Denn ich wollte gerne, dass wir alle Zeit, die wir hatten, miteinander verbringen konnten, den Tag genießen und uns verwöhnen lassen.

Ich komme nicht umsonst aus einer Gastronomiefamilie, ich weiß genau, wie viel Arbeit es macht, ein gelungenes Fest zu organisieren. Das wollte ich meinen Gästen nicht zumuten.

Da das Wetter leider unsicher war, wurde das Apéro-Büfett im Schlosskeller aufgebaut. Und später aßen wir im Barocksaal im kleineren Kreis mit rund achtzig Gästen zu Abend.

Wir hatten unsere Freunde gebeten, nicht zu viele Spiele oder Programmpunkte vorzubereiten, wir wollten viel lieber so viel Zeit wie möglich miteinander verbringen. Diese besonderen Tage vergehen immer viel zu schnell.

Übrigens hatten wir natürlich vor der Hochzeit auch unseren Junggesellen- beziehungsweise Junggesellinnenabend, den Frauen und Männer traditionell getrennt verbringen. Meine Freundinnen ließen sich dazu etwas sehr Charmantes einfallen: Jede brachte mir eine besondere Blume mit, und die musste ich in der Berner Altstadt wie Eliza Doolittle in *My Fair Lady* als Blumenmädchen verkaufen.

Das klappte gut und wir hatten eine Menge Spaß, als ich einfach Männer ansprach und sie davon überzeugte, ihren Frauen an diesem Tag eine Blüte mit nach Hause zu bringen. Mit dem Erlös gingen wir ins Casino, so wie an dem Abend, an dem Markus mir seinen Antrag machte. Meine Freundinnen hatten sich gemerkt, dass mir das großen Spaß gemacht hatte. So schloss sich auch auf diese Weise wieder ein kleiner Kreis.

07

Kennenlernen im eigenen Nest

BARBARA

Markus zog nun übergangsweise in meine Wohnung in Bätterkinden ein, bevor wir neun Monate später eine hübsche, kleine Wohnung in einem netten Berner Viertel bezogen. Zu unserer großen Erleichterung stellten wir schnell fest, dass sich viele unserer Konflikte zwar nicht einfach in Luft auflösten, aber doch viel leichter zu lösen waren als früher.

Vor unserer Heirat waren wir stets nur für ein paar Stunden oder Tage zusammen, und wenn dann ein Konflikt aufkam, dachten wir immer, diesen unbedingt sofort wieder aus der Welt schaffen zu müssen. Das setzte uns unter ungeheuren Druck und sorgte dafür, dass es erst recht eskalierte.

Von dem Moment an, als wir zusammenlebten, wurde vieles leichter. Endlich lernte ich den tatsächlichen Tagesablauf, den die Krankheit Markus aufzwingt, in allen Einzelheiten kennen. Man könnte meinen, dass es schwierig für mich gewesen sein muss, das Ausmaß seiner Erkrankung erst jetzt zu erkennen, doch tatsächlich war das Gegenteil der Fall. Ich konnte auf einmal nachvollziehen, warum Markus oftmals die Kraft ausging, warum er sich in bestimmten Situationen zurückzog oder auf eine bestimmte Art und Weise reagierte. Denn noch immer hatte er vieles mit sich selbst ausgemacht.

Ein potenzieller Grundkonflikt zwischen uns beiden ist und bleibt wahrscheinlich meine leistungsorientierte Prägung, die mir so in Fleisch und Blut übergegangen ist, dass ich mir immer wieder vor Augen führen muss, dass für Markus einfach ganz andere Maßstäbe gelten müssen. Obschon er täglich Höchstleistung erbringt, sich so gut es geht einbringt und engagiert, kann er vieles einfach nicht machen, und das hat nichts mit Bequemlichkeit zu tun, auch wenn es von außen manchmal so wirken kann. Seine Krankheit zwingt ihn über weite Strecken zur Untätigkeit, er braucht viel Ruhe, nur dann geht es ihm einigermaßen gut. Heute bin ich es, die ihm öfters den Rat gibt, sich hinzulegen, sich auszuruhen und nicht über seine Kräfte zu gehen.

Oft leidet Markus unter massiven Schmerzen: Die Kopf-, Bauch-, Rückenschmerzen, Schmerzen beim Atmen und vor allem im Brustfell sind besonders schwer zu ertragen.

Das genetisch bedingte Problem betrifft den gesamten Flüssigkeitshaushalt seines Körpers. Knochen, Knorpelmaterial, Bänder, Sehnen – alles wird zu wenig durchfeuchtet. Organe können ihre Funktion nur mit Mühe ausüben. Und am wenigsten immer wieder die Atemwege, die zu verstopfen drohen und in denen sich Keime ansiedeln.

Mit all dem fertig zu werden, das kostet seinen Organismus ungeheuer viel Kraft, und oft fühlt er sich unendlich schlapp. Es ist wichtig für ihn, dass er ausreichend Kalorien zu sich nimmt, und zwar in einer Form, die sein Körper verwerten kann.

All das wurde mir tatsächlich erst in vollem Ausmaß klar, nachdem wir verheiratet waren und zusammenlebten.

Es ist ein Glück, dass ich einen medizinischen Beruf ausübe und deswegen vieles besser verstehen kann. Durch meine Fachkompetenz bin ich handlungsfähiger und weiß im Ernstfall meistens genau, was zu tun ist – auch meist mit dem nötigen professionellen Abstand.

Denn so passen wir wirklich ausgezeichnet zusammen. Ich werde alles tun, um Markus so lange wie möglich in seinem Kampf gegen die Krankheit zu unterstützen.

Auf der Krebsstation gibt es wahrscheinlich wenig, was ich nicht schon miterlebt habe. Traurige und oft auch grausame Schicksale. Schwere Todeskämpfe und schlimme Befunde.

Es ist meine Aufgabe, inmitten dieser Tragödien handlungsfähig zu sein und mich davon nicht umwerfen zu lassen. In diesen Situationen brauchen Patienten und Angehörige eine fachkompetente Beratung und Betreuung.

Sie zählen auf meine professionelle Unterstützung, und diese bekommen sie auch.

Trotz meiner Routine passierte es mir aber, dass mir schwarz vor Augen wurde und ich mich hinlegen musste, als ich zum ersten Mal ein Röntgenbild von Markus' Lunge zu sehen bekam. Ich starrte auf das Bild dieses zerstörten Organs voller Narben, Zysten und Verwachsungen und fragte mich, wie um alles in der Welt es überhaupt noch in der Lage war, zu funktionieren.

Es war das allererste Mal, dass ich Markus zu seinem Arzt begleitete, und dieser Anblick warf mich tatsächlich um.

Inzwischen habe ich mich längst wieder gefasst, jedoch weiß ich jetzt um den täglichen Kampf, den Markus' tapferer Körper ausficht. Seither bin ich viel geduldiger mit ihm als früher.

Noch ein zweiter potenzieller Konfliktpunkt zwischen uns hat sich ebenfalls sehr entspannt: Wenn wir aneinandergeraten, weil ich mit meiner harschen, aufbrausenden Art meinen Liebsten einmal wieder vor den Kopf gestoßen habe, dann müssen wir nicht jetzt und hier und sofort alles klären, sondern wir können uns Zeit lassen damit. Ein paar Minuten Luft holen, vielleicht den Raum wechseln, um dann genau in uns selbst hineinzuspüren, was eigentlich gerade passiert ist. Den Dampf aus der Sache lassen und sich in aller Ruhe wieder verständigen. Vielleicht erklären wir dann, wie es gemeint war und wie nicht, und entschuldigen uns, wenn es angebracht ist. Am wichtigsten ist aber, dass wir einander verzeihen.

Das alles geht nicht auf die Schnelle. Und wenn diese Prozesse vor unserer Heirat immer noch Anlässe für mich waren, unsere gesamte Beziehung infrage zu stellen, so war auch das nun endgültig Vergangenheit.

Wir hatten uns füreinander entschieden, wir waren einen langen Weg miteinander bis dahin gegangen. Wir liebten uns. Wir waren schließlich verheiratet und hatten einander versprochen, zueinanderzustehen, in welchen Zeiten auch immer. Diese Basis stand felsenfest und wurde weder von mir noch von Markus je wieder infrage gestellt.

Und nachdem dies von vorneherein geklärt war, ging es darum, den aktuellen Konflikt zu analysieren, zu verstehen, wie es dazu kommen konnte, herauszufinden, wie wir eine Lösung finden könnten, mit der wir beide leben konnten.

Meistens geht es schlussendlich überhaupt nicht um die „ganz großen Fragen", denn in denen waren wir uns ohnehin vollkommen einig. Im Grunde, und das wird jedes Paar sicher ähnlich erleben, geht es meistens nur um Kleinigkeiten. Um Blödsinn.

Aber der könnte noch heute, wenn ich nicht achtgebe, mein Blut in Wallung bringen. Und wenn es Markus nicht gut geht, dann ist er nicht in der Lage, gelassen damit umgehen.

Doch zum Glück kennen wir unsere Schwächen inzwischen und wissen, wie wir sie einordnen müssen.

MARKUS

Ehe wir nach unserer Hochzeit zum Alltag zurückkehrten, verbrachten wir ein paar Tage in einem sehr schönen Hotel in Talloires am See von Annecy in Frankreich, das früher einmal ein Kloster gewesen war. Wir bewohnten ein Zimmer, das man bis auf das Badezimmer original so erhalten hatte, wie es früher gewesen war. Und so haben wir eine Menge besonderer Erinnerungen an diesen Sommer unserer Hochzeit.

Natürlich hieß es bei einigen Leuten, „jetzt hat die Barbara einen Kranken geheiratet". Da klang immer eine Anklage mit, ob man das einer jungen Frau überhaupt zumuten könnte. Wir hatten unseren Pastor gebeten, während der Traupredigt darauf einzugehen, und er wählte eine Parabel von einem kleinen Hund, dem einzigen aus einem Wurf, der ein lahmes Beinchen hatte. Und dann kam ein Junge und wählte genau diesen aus, obwohl er auch ein gesundes Hündchen hätte haben können ...

Diesen Vergleich fanden wir etwas sonderbar, doch ich kenne unseren Pastor schon lange und weiß, wie er es meinte.

Natürlich bin ich kein lahmendes Hündchen und Barbara hat mich nicht aus Mitleid geheiratet. Dass es ganz schön mutig von ihr ist, sich an einen Mann mit meiner Zukunftsperspektive zu binden, das steht allerdings außer Frage.

Barbara hat ein paar bemerkenswerte Charaktereigenschaften, die notwendig sind für einen so mutigen, schwierigen Weg.

Zum einen verfügt sie über eine extrem hohe Belastbarkeit, sowohl körperlich als auch seelisch. Man nennt diese psychische Widerstandsfähigkeit Resilienz, wenn jemand in der Lage ist, viel auszuhalten und wegzustecken. Das beweist sie tagtäglich im Spital, und davon profitiert auch unsere Beziehung.

Erstaunlich ist außerdem, wie gut es ihr gelingt, ihre Arbeit und unser Privatleben zu trennen. Ich erlebe nie, dass sie niedergeschlagen von der Arbeit kommt, weil sie dort wieder einmal schwere, deprimierende Erlebnisse mit den Krebspatienten hatte.

Barbara schafft es erstaunlich gut, mit Mehrfachbelastungen umzugehen. Während ich oft nicht wüsste, wo ich anfangen sollte, setzt Barbara glasklare Prioritäten. Ruckzuck hat sie eine Liste und geht die Probleme eins nach dem anderen an. Was vorher wie ein unüberwindbarer Berg erscheint, lässt sich so in handlichen Portionen lösen.

Manchmal scheint es mir fast, dass es ihr Freude macht, Lösungen für etwas zu finden, was auf den ersten Blick unlösbar erscheint. Und das ist eine wunderbare Gabe. Sie liebt es, wenn etwas einen sichtbaren Vorher-Nachher-Effekt hat.

Für mich sind das alles riesige Geschenke. Zu wissen, dass ich diese wunderbare, tatkräftige Frau an meiner Seite habe, ist eine unglaubliche Erleichterung. Denn Barbara organisiert unseren kompletten Alltag und hält mir auf diese Weise den Rücken frei, sodass ich mich um die Bedürfnisse meines Körpers kümmern und mich bei Bedarf jederzeit zurückziehen kann.

Noch immer – ich muss es noch einmal betonen – ist es ein großer Schmerz für mich, nicht die Rolle in unserer Familie ausüben zu können, die mir eigentlich zukommen sollte. Dass ich kein Versorger sein und auch sonst wenige Tätigkeiten ausüben kann, auf die meine Frau und meine Kinder stolz sein könnten. Aber ich weiß, dass ich immer mehr darauf vertrauen darf, dass alles richtig ist, so wie es ist. Denn als gläubiger Mensch sollte ich mein Vertrauen auf Gott legen, dass mein Schicksal in seinem großen Plan genau so gewollt ist.

Das ist schwer und wahrscheinlich eine lebenslange Arbeit, es wirklich zu bejahen. Wie oft habe ich schon gedacht: Wenn Gott wollte, er könnte mich einfach heilen. Ich glaube fest daran, dass er so eine Heilung vermag. Doch aus irgendeinem Grund tut er es nicht. Er wird schon seine Gründe dafür haben.

Also habe ich vor langer Zeit beschlossen, für das zu danken, was ich bekomme, statt damit zu hadern, was mir fehlt. Und bin ich nicht reich beschenkt?

BARBARA

Wenn mir etwas schwerfällt, dann ist es, die Kontrolle aufzugeben und richtig zu vertrauen. Warum das so ist, weiß ich nicht. Tatsächlich ist es gerade das, was ich in unserer Beziehung lernen muss. Denn kein Mensch kann alles kontrollieren, vor allem nicht, wenn er mit einem kranken Partner zusammenlebt. Und das muss er auch nicht, wenn er auf Gott vertraut.

Ich weiß: Je mehr ich die Kontrolle abgebe, desto mehr wächst mein Vertrauen, und ich weiß auch, dass dies womöglich die wichtigste Lernaufgabe in meinem Leben ist. Hat es nicht etwas ungemein Erleichterndes, wenn man im Gebet sagen kann: „Du bist derjenige, der alles im Griff hat. Du hältst deine Hand über uns. Bei dir hole ich mir Heilung und Kraft"?

Denn je mehr wir die Kontrolle abgeben, desto mehr lassen wir die Möglichkeit zu, dass Wunder geschehen können, in größeren und in kleineren Dingen. Es ist nicht nur ein Wunder, wenn ein Gelähmter gehen kann. Auch menschliche Veränderungen können Wunder sein.

Die Erfahrung, dass man sich verändern lassen kann, empfinde ich beispielsweise als ein beglückendes Wunder. Auch dass Markus und ich verheiratet und so glücklich miteinander sind. Und das, weil wir zulassen, dass Gott an unseren Charakteren herumschleifen darf, damit wir immer besser zueinanderpassen.

Ich erlebe Gott immer mehr als die ultimative Quelle der Liebe, bei der wir auftanken können.

Im Alltag kann einem das leicht verloren gehen, wenn man sich nicht die Zeit nimmt, um immer wieder die Nähe Gottes zu suchen. So wie für den Partner und für die Familie muss man sich auch Zeit für sein Verhältnis zu Gott nehmen und in die Stille gehen, um Gott wirklich ganz persönlich zu erleben. Da hat jeder andere Wege.

Ich fühle Gottes Nähe am deutlichsten in der Natur, die Gottes Schöpfung ist. Und wenn ich die Bibel lese. Denn die biblischen Geschichten zeigen immer wieder, wie Gott die Nähe zum Menschen sucht und an seiner Liebe zu ihm festhält, auch wenn der Mensch sich immer wieder abwendet. Das ist für mich der ultimative Liebesbeweis. Dass Gott nicht aufgibt und seine Liebe zu mir unverbrüchlich hält. Und genau darin steckt für mich das Geheimnis der Liebe: Wenn wir das für unser Leben annehmen, können auch wir in dieser Weise lieben.

Ich bin froh, dass ich mich Gott nahe fühlen darf. Manchmal sitze ich auf dem Fahrrad und radle zur Arbeit – und auf einmal taucht ein völlig unerwarteter Gedanke in mir auf, wie ein Blitz, und dann habe ich das Gefühl, Gott hat mir etwas aufgezeigt. Oder ich höre ein Lied, das mich innerlich still und gelassen macht.

Bin ich im Austausch mit meinem Gott, macht mich das ausgeglichen und ruhig.

Auch von Markus kann ich unglaublich viel lernen. Er hat mir beispielsweise die vier M nahegebracht. An diesen Satz glaubt er ganz fest. Er lautet: *Man muss Menschen mögen.*

Diese vier Worte sagen so viel über ihn aus. Ich habe, bevor ich Markus kennenlernte, noch nie einen Menschen getroffen, der so offen und ohne jeden Vorbehalt auf andere zugeht.

Er mag Menschen grundsätzlich, und auch von jenen, die es ihm schwer machen, sie zu mögen, lässt er sich nicht abschrecken.

Menschen interessieren ihn einfach, ihre Geschichten, das, was sie denken und tun, was sie bewegt.

Diese Gabe, die Menschen so zu nehmen, wie sie sind, ist eine so machtvolle Qualität, die man einfach erleben muss, um sie wertzuschätzen.

Seit ich meinen Alltag mit Markus teile und er seinen mit mir, habe ich erst erkannt, wie diszipliniert mein Mann ist. Und das nicht nur in der Therapie, sondern auch in anderen

Angelegenheiten. Was er sich vornimmt, erledigt er, und das nicht erst nach Monaten. Da ist er ein Mann, der sein Wort hält.

Geht zum Beispiel ein Spielzeug kaputt, und er sagt: „Das leime ich wieder", dann kann ich mich darauf verlassen, dass er es auch wirklich und schnell tut.

Aber vielleicht am meisten schätze ich seinen Humor. Man könnte meinen, ein Mann mit einem so schweren Schicksal findet nicht viel, worüber er lachen kann. Bei Markus ist das Gegenteil der Fall. Und da passen wir gut zusammen, denn wir beide haben einen Hang zu einem dunkel gefärbten, britischen Humor.

Als zum Beispiel einmal in Gegenwart von Freunden dieses neue Medikament zur Sprache kam, auf das Markus große Hoffnungen setzt, da sagte er einmal zum Entsetzen unserer Gäste zu mir: „Gell, damit hast du nicht gerechnet, Barbara. Womöglich hast du mich jetzt länger an der Backe, als dir lieb ist!"

Wir können über so etwas herzlich lachen. Und dieses Lachen löst und befreit. Ich glaube, es ist kein Wunder, dass die berühmtesten Clowns, die Millionen von Menschen zum Lachen brachten, allesamt eigentlich etwas sehr Trauriges, Schweres an sich hatten.

Auf diese Weise bleibt alles in der Balance, unser Schöpfer hat es sich sicherlich so gedacht. Wo die größte Traurigkeit ist, da ist das Lachen von großer Macht. Es hilft, das Schwere wieder leicht zu machen und sich selbst und seine Probleme nicht allzu ernst zu nehmen.

Markus sagt oft: „Du bist, was du daraus machst." Damit meint er, dass wir es selbst in der Hand haben, wie wir eine Sache betrachten. Seine Krankheit ist schlimm, daran gibt es nichts zu rütteln. Aber sie wird auch nicht besser, wenn wir tagtäglich den Kopf hängen lassen und darüber jammern. Im Gegenteil, das würde alles noch viel schwerer machen.

Von Markus – und sicherlich auch von anderen Menschen in einer ähnlichen Situation – kann man lernen, dass man trotz schlechter Startchancen ganz schön weit kommen und vor allem ein frohes Leben führen kann.

08

Eins plus eins macht vier

BARBARA

Ein Jahr nach unserer Heirat war es so weit: Ich hatte mein Ziel erreicht und hielt stolz mein Zeugnis der gymnasialen Matura in den Händen.

Einen Studienplatz zu bekommen war die nächste Hürde. Und obwohl ich einen guten Notendurchschnitt hatte, reichte es nicht für den Numerus clausus, der für das Fach Medizin notwendig war. In der Schweiz ist der Numerus clausus eine Art Aufnahmetest, wo man in einer Prüfung eine bestimmte Anzahl von Punkten erreichen muss. Ich habe festgestellt, dass mir diese Art der Prüfungsleistung widerstrebte. Wahrscheinlich habe ich mich auf den Test nicht genügend vorbereitet, aber ich glaube, dass sich die Eignungsleistung für ein Studium nicht auf die Leistung eines einzelnen Tages beschränken sollte.

Ich wollte den Test im folgenden Jahr nicht wiederholen. Also entschied ich mich dazu, mich für das Fach Biomedizin an der Universität Freiburg einzuschreiben, da es der Medizin sehr ähnlich ist. Denn das Studienfach Biomedizin vereint die klassischen Naturwissenschaften wie Biologie, Chemie und Physik mit den Kenntnissen der Medizin.

Der Schwerpunkt liegt hier auf der molekularen und zellbiologischen Forschung, die die Einflüsse auf Krankheiten untersucht. Was mir gut daran gefiel, war, dass Biomedizin eine interdisziplinäre Fachrichtung ist. Was mir jedoch nicht zusagte, war, dass Biomediziner am Ende hauptsächlich in Laboren arbeiten und nicht mit Menschen.

Gleichzeitig überlegten wir aber immer wieder, ob wir nicht jetzt, solange es Markus noch gut ging, Kinder haben wollten. Ich hatte mir immer Kinder gewünscht und auch Markus ist durch und durch ein Familienmensch.

Dass ich nicht Trägerin der Krankheit war, das hatten wir ja bereits vor unserer Heirat prüfen lassen. Es war durchaus möglich für uns, gesunde Kinder zu bekommen, was mich sehr erleichtert hatte. Trotzdem war es alles andere als sicher, ob es klappen würde.

Denn Mukoviszidosepatienten sind zu 90 Prozent in ihrer Zeugungsfähigkeit stark eingeschränkt. Zwar produziert der Körper Spermien, doch verlassen diese wegen der zähen Konsistenz der Samenflüssigkeit und auch Anomalien an Samenleiter und Nebenhoden den Hoden nicht. Um eine künstliche Befruchtung vorzunehmen, kann man die Samen mittels einer Hodengewebeentnahme gewinnen, dieses Verfahren nennt man Testikuläre Spermienextraktion, abgekürzt TESE.

Nun ist die Frage, wie man die Samenzellen mit den Eizellen zum Verschmelzen bringt. Dafür gibt es zwei Möglichkeiten. Zum einen ist da die klassische In-vitro-Fertilisation, bei der man eine Menge Spermien mit der Eizelle zusammenbringt, in der Hoffnung, dass es zu einer spontanen Befruchtung kommt.

Oder man wendet eine zweite, exaktere Technik an mit dem komplizierten Namen Intracytoplasmatische Spermien-Injektion, kurz ISCI. Hier wird ein einziges Spermium in eine Eizelle injiziert. Diese Methode war für uns die passende, da bei der TESE nur eine Gewebeprobe vorliegt und nicht ein Ejakulat

mit Millionen von Spermien, worin man die Eizelle „baden"
könnte.

Es gibt Menschen, die sagen, wenn auf natürliche Weise kein
Kind entstehen kann, dann sollte man es besser lassen. Dieser Meinung waren wir nicht. Wir finden aber auch, dass die
Zeugung eines Kindes nicht um jeden Preis erreicht werden
sollte.

Eine Adoption kam für uns aber auch nicht infrage, Markus
hätte die strengen Bedingungen nicht erfüllt.

Man kann sich auch fragen, ob es zu rechtfertigen ist, dass
man ein Kind in die Welt setzt, dessen Vater nicht die Lebenserwartung hat wie ein gesunder Mann.

Über all diese Fragen und noch viele weitere diskutierten wir
ausgiebig. Auch mit unseren Familien besprachen wir das Für
und Wider, wir wollten wissen, was sie zu dem Thema dachten.
Die Reaktionen fielen durchweg positiv und unterstützend aus.

Dennoch verfolgte ich weiterhin meine Pläne in puncto Studium, quasi als Plan B. Denn wenn unsere Entscheidung am
Ende doch gegen Kinder ausgefallen wäre, hätte ich nicht bis zu
meinem Rentenalter in der Pflege bleiben mögen. Außerdem
war nicht sicher, ob es medizinisch überhaupt klappen würde. Es gibt mehr Paare, als man denkt, die unter Unfruchtbarkeit oder multiplen Aborten leiden und trotz hoch entwickelter
reproduktionsmedizinischer Maßnahmen kinderlos bleiben.

Markus führte ein wichtiges Gespräch mit seinem Arzt und fragte ihn rundheraus nach seiner Prognose.

„Wir überlegen uns, Kinder zu haben", erklärte er dem Arzt. „Denken Sie, ich werde sie bis zum Erwachsenenalter begleiten können? Oder werde ich früher sterben?"

Der Arzt ging davon aus, dass Markus das achtzehnte Lebensjahr seiner Kinder miterleben werde. Diese Prognose kann ein Arzt abgeben, wenn er den Krankheitsverlauf der letzten fünfunddreißig Jahre betrachtet. Bei Markus ist das Atemvolumen zum Beispiel seit Jahren recht stabil und nimmt nicht ab. Eine ganz gute Prognose, die natürlich nichts garantiert. Aber nichts ist sicher im Leben …

Wir waren froh, dass der Arzt uns diese Prognose schriftlich bestätigte, denn tatsächlich braucht man eine solche ärztliche Bescheinigung in der Schweiz, um überhaupt zur künstlichen Befruchtung zugelassen zu werden.

Wir stellten uns zum Thema Befruchtung all diese wichtigen ethischen Fragen, doch letztendlich kamen wir zu dem Schluss, dass eine so persönliche Frage nur von den Betroffenen selbst beantwortet werden kann. Auch wenn wir mit Menschen, denen wir vertrauten, darüber sprachen und uns deren Meinung wichtig war, so konnte uns doch niemand diese weitreichende Entscheidung abnehmen, und das wollten wir auch nicht. Zudem schlossen wir Gott in unser Gespräch mit ein. Denn uns war von Anfang an klar, dass er derjenige ist, der Leben schenkt oder eben auch nicht.

In dieser Zeit formulierten wir gemeinsam eine sogenannte Familienvision. Dazu inspirierte uns eine Predigt in unserer Kirchengemeinde.

Es leuchtete uns ein, dass zwei Menschen, die ihren Lebensweg gemeinsam gehen möchten, sich über die wesentlichen Fragen des Lebens im Klaren sein müssen. Ich kannte das aus meinem Elternhaus, und wenn meine Eltern eine solche meines Wissens auch nie schriftlich fixiert hatten, so folgten sie beide ganz klar einer gemeinsamen Vision, und ich bin überzeugt davon, dass dies ein Grund für ihre gute Beziehung ist.

Also setzten Markus und ich uns zusammen und formulierten schriftlich gemeinsam das, worauf es uns beiden im Leben ankommt. So konnten wir es später immer wieder nachlesen und aktualisieren. Dabei folgten wir vier Punkten:

(1) unserem „roten Faden" oder dem Erbe, das wir aus unseren Herkunftsfamilien mitbringen,

(2) unserer Vision oder was wir zu verwirklichen beabsichtigen,

(3) unseren konkreten Zielen, die wir mittelfristig in den nächsten fünf Jahren erreichen möchten,

(4) unseren Werten, für die wir einstehen wollen.

Die Auseinandersetzung mit diesen anspruchsvollen Fragen tat uns gut und brachte einige Klärung. Es waren wichtige Gespräche, bei denen wir uns noch besser kennenlernten und vor allem durch die Formulierung einer gemeinsamen Vision ganz konkret gemeinsame Ziele steckten und uns darüber klar wurden, was uns beiden wirklich wichtig ist.

Zum Beispiel stand für uns nun fest, dass Kinder in unseren Visionen vorkamen als bedeutender Teil unseres Lebens.

Im Frühjahr 2014, eineinhalb Jahre nach unserer Hochzeit, beschlossen wir, mit dem dafür notwendigen medizinischen Prozess zu beginnen.

Wir wussten, dass es langwierig werden könnte und dass wir nicht erwarten durften, dass es sofort funktionierte. So war es auch, der erste Versuch schlug fehl.

Beim zweiten Versuch im Mai war ich sehr angespannt. Erst zwei Wochen nach dem Embryotransfer kann man einen Bluttest machen. In dieser Wartezeit habe ich mir so allerlei Gedanken gemacht. Werde ich dieses Mal schwanger sein? Innerlich bereitete ich mich schon auf die erneute Enttäuschung vor, die mit einem negativen Ergebnis kommen würde.

Doch das Unglaubliche geschah: Eine befruchtete Eizelle hatte sich tatsächlich in meiner Gebärmutter eingenistet.

Jede Schwangere weiß, dass man während der ersten drei Monate noch vorsichtig sein muss, denn in dieser Zeit kommt es leider häufig vor, dass sich der winzige Embryo doch noch verabschiedet.

Immer wieder musste ich zur Kontrolluntersuchung und jedes Mal fragte ich mich, ob das Kind denn wohl noch da war. Kein Wunder, wurden diese ersten Wochen doch zu einer emotionalen Achterbahn für mich und brachten großen, inneren Stress mit sich. Ich spürte, dass mit meinem Körper etwas geschah, aber ich war mir unsicher, ob das, was ich wahrnahm, negativ war oder positiv. Ich hatte immer wieder leichte Blutungen und fürchtete, einen Abgang zu erleiden.

Die erste Untersuchung fand nach sechs Wochen statt. Es war ein toller Augenblick, als ich über den Monitor dieses winzige Wesen sah und das Herz schlagen hörte. Ich ging nun alle vier Wochen zur Kontrolle. Die Wochen verstrichen und alles war in bester Ordnung.

„Jetzt müsste etwas wirklich schlecht laufen, wenn jetzt noch etwas schiefgehen sollte", sagte der Gynäkologe, und endlich konnte ich mich ein wenig entspannen.

Es waren bewegte Zeiten. Bereits bevor ich schwanger wurde, hatte ich meine Arbeitsstelle gekündigt. Ich wollte ja im September mit dem Studium beginnen. Das war aufregend genug, aber ich freute mich nun auch darauf, weitere große Neuigkeiten mit unseren Familien zu teilen. Während unseres Sommerurlaubs erzählten wir es dem engen Familienkreis. Die Freude war groß. Und ich hatte alle Anzeichen einer Schwangerschaft, mit Übelkeit am Morgen und allem, was dazugehört.

Als wir nach Hause kamen, stand die nächste Untersuchung an. Markus begleitete mich. Ich hatte die kritischen ersten zwölf Wochen überstanden. Dennoch war ich vor der Untersuchung angespannt, hoffentlich war mit dem Kleinen alles in Ordnung.

Als der Arzt den Ultraschallkopf auf meinen Bauch legte, suchte ich auf dem Monitor nach dem schlagenden Herzen. Ich konnte es nicht finden.

Verunsichert fragte ich den Arzt: „Und? Ist alles in Ordnung?" Doch der Arzt sah sehr ernst aus.

„Nein", sagte er schließlich. „Es ist nicht gut. Das Kind lebt nicht mehr. Das Herz hat aufgehört zu schlagen."

Ich konnte es nicht glauben. Das kleine Herz hatte ich schon seit der sechsten Woche schlagen sehen. Wie konnte es auf einmal aufhören?

Und dann war es ein unbeschreiblicher Schmerz. Mir wurde bewusst, dass ich bis dahin nie so recht verstanden hatte, warum Frauen so unter einer Fehlgeburt leiden. Es war noch gar nicht auf der Welt gewesen, so hatte ich gedacht, das kommt in der Frühschwangerschaft leider recht häufig vor. Das klassische „Alles oder nichts"-Prinzip, so hatte ich nüchtern konstatiert. Wenn der Embryo nicht überlebensfähig ist, geht er nun mal ab.

Doch jetzt erst begriff ich, wie stark die Bindung zwischen Mutter und dem winzigen, heranwachsenden Kind schon ist. Man trägt dieses kleine Leben unter dem Herzen, es ist ein richtiger Fötus mit allem, was später den Menschen ausmacht. Und wenn das in dir stirbt, dann fühlt es sich an, als würde ein Teil von dir selbst sterben.

Der Arzt terminierte für den nächsten Tag eine Ausschabung. An meinem letzten Arbeitstag. Eine Feier war geplant gewesen, nach der mir nun überhaupt nicht zumute war.

Da der Arzt erwähnte, dass dieses überraschende Ende einer Schwangerschaft ein typischer Verlauf bei einer genetischen Behinderung sei, baten wir darum, das Zellmaterial untersuchen zu lassen. Dabei stellte sich heraus, dass es ein Mädchen geworden wäre, das Trisomie 21 gehabt hätte.

Trost fand ich damals schlussendlich nur in meinem Glauben. Obwohl auch der auf die Probe gestellt wurde. Gedanken wie: „Wir haben es doch sonst so schwer. Warum tut Gott uns das jetzt auch noch an?", etwas, das mir normalerweise fernliegt, schlichen sich nun tatsächlich ein und nagten an mir.

Tröstende Worte von außen konnte ich während der ersten Zeit danach nur schwer annehmen. Wenn mir jemand schrieb, dass Gott es gut mit mir meinte, machte mich das eher wütend. Vom Verstand her wusste ich das ja. Doch in dieser schwierigen Zeit fühlte ich es nicht.

Bei der Trauerbewältigung half, dass wir drei Tage nach der Ausschabung in unsere verspäteten Flitterwochen in die USA flogen und somit nicht nur räumlichen Abstand zu dem Geschehenen gewinnen konnten, sondern auch ausreichend Anregungen und Ablenkung fanden, um nicht ins Grübeln zu verfallen.

Ich habe die Existenz Gottes nie angezweifelt. Aber ich fragte mich schon, wofür ich meine Anliegen überhaupt vor Gott bringe, wenn es dann so ausgeht. Es brauchte ganz einfach Zeit, bis ich mit meiner Verzweiflung zu Gott gehen konnte, ich musste ein bisschen mit ihm hadern.

Ich stellte mir dabei die Frage: So schnell kommt dein Glauben ins Wanken, Barbara?

Markus dagegen ging mit dem Verlust des Kindes ganz anders um. Er hatte so viele Tiefschläge erlitten, und würde trotzdem nie an der Güte und Treue Gottes zweifeln, ganz egal, wie schlecht es ihm geht.

Mir wurde klar, dass er durch all die schweren Jahre, die hinter ihm lagen, eine ganz andere Stärke und Reife im Glauben besaß als ich. Das bewunderte ich sehr und es half mir. Und es hilft auch immer wieder anderen Menschen, die zu Markus kommen und ihn fragen: Wie machst du das eigentlich?

Denn auf all diese Warum-Fragen – auf die werden wir nie Antworten bekommen: Warum haben ausgerechnet wir ein Kind verloren? Warum bekomme ich diese schlechte Diagnose? Diese Fragen führen in eine Sackgasse, das erlebte ich damals deutlich. Noch tiefer aber war das Erleben, wie sehr ich mich getragen fühlte.

Trotz allem.

Auch wenn uns dieses Thema auf unserer Hochzeitsreise immer begleitete, so half der Szenenwechsel doch sehr. Wir hatten eine schöne, intensive Zeit miteinander mit vielen wunderbaren Eindrücken, und die gemeinsame Bewältigung des Verlusts dieses Kindes brachte uns noch näher zusammen.

Schließlich kam ich zu dem Schluss: Statt nach dem Warum zu fragen, sollten wir uns überlegen: Wer bist du gerade jetzt, Gott, in dieser Situation für mich? Was willst du mich lehren?

In welchem deiner vielen Aspekte zeigst du dich mir gerade? Was ist der große Zusammenhang, der große Plan hinter dem, was geschehen ist?

Irgendwann fiel uns auf, dass uns Psalm 139 schon seit einer Weile begleitete. Sogar das Haus, in dem wir bis heute wohnen, hat diese Hausnummer. Da sah ich mir diesen Psalm noch einmal genauer an. In Vers 15 steht: *Schon als ich im Verborgenen Gestalt annahm, unsichtbar noch, kunstvoll gebildet im Leib meiner Mutter, da war ich dir dennoch nicht verborgen.*

Als ich das las, war ich wie elektrisiert. Denn das galt für mich und Markus, aber auch für das Kind. So hatte dieser Vers etwas unendlich Tröstliches. Auch wenn das kleine Mädchen nur einen kurzen Zwischenstopp bei uns hatte, so hatte Gott es gesehen und nach seinem Abschied von uns ganz sicher zu sich genommen.

Diese Gewissheit hat uns sehr berührt und zeigte uns, dass alles, was geschieht, doch seinen Sinn hat. Selbst wenn ich ihn nicht sehen kann. Glauben heißt auch, darauf zu vertrauen, dass alles, was geschieht, richtig ist.

Bevor wir einen weiteren Versuch unternahmen, ein Kind zu haben, brauchte ich Abstand. So traf es sich gut, dass mein Biomedizinstudium im September begann.

Was ich brauchte, war die Perspektive auf einen Neuanfang. Was ich brauchte, war Zeit für mich.

Doch im November starteten wir einen neuen Versuch. Wieder musste ich zwei Wochen warten, um zu erfahren, ob sich einer der beiden Embryonen in meiner Gebärmutter eingenistet hatte. Das war der Fall.

Danach begannen sehr schwere Wochen. Ich hatte gewaltige Angst, erneut ein Kind zu verlieren.

Wieder hatte ich Blutungen, und obwohl der Frauenarzt sagte, dass das nicht ungewöhnlich sei, war ich sehr unruhig. Am 18. Dezember hatte ich eine wichtige Prüfung an der Universität und wachte morgens auf mit einer starken Blutung. Es war gerade so, als würde ich meine Tage bekommen. Weinend fuhr ich zur Prüfung, die ich so schnell wie möglich ablegte.

Dann begab ich mich unverzüglich zum Arzt, wo Markus schon auf mich wartete.

Und wieder dieser Moment, wenn der Arzt einem den Kopf des Ultraschallgeräts auf den Bauch legt. Ich wagte kaum zu atmen.

Da hob der Gynäkologe den Kopf, lächelte und sagte zu Markus:

„Sehen Sie? Hier. Alles ist gut. Und es sind übrigens zwei."

Zwillinge!

MARKUS

Früher, bevor ich Barbara traf, war ich irgendwann zu dem Schluss gekommen, dass ich wahrscheinlich allein durchs Leben gehen würde. Ich sah mich dreißig Jahre alt werden und das war es dann. Meine Planung endete bei diesem Alter, alles Weitere war ein Supplement. Aber das hat sich mit Barbara geändert.

Durch sie lernte ich das Planen auf längere Zeit und das Denken in längeren Abschnitten. Fragen, die ich mir nie gestellt hatte, bekamen auf einmal Bedeutung. Fragen wie: Wo möchten wir leben? Was möchte ich tun? Möchten wir Kinder?

Nun war es so weit, Barbara war schwanger, und ich, der ich mich schon einmal wehmütig von der Hoffnung, Vater zu werden, verabschiedet hatte, war überglücklich.

Im Grunde war es keine Überraschung, dass es Zwillinge waren, denn man hatte Barbara zwei Embryonen implantiert, um die Möglichkeit einer Schwangerschaft zu erhöhen. Die Chance, dass sich beide halten würden, war nicht so hoch. Aber auch hier folgten wir nicht den statistischen Wahrscheinlichkeiten.

Was war es für eine Erleichterung, diese drei Worte „Alles ist gut" zu hören! Auch wenn wir erst ganz am Anfang der Schwangerschaft standen, so schien es uns doch, als sei eine wichtige Hürde genommen.

Für Barbara war die folgende Zeit schwer, und ich machte mir Sorgen um sie. Ich wusste, wie stark sie ist, aber die psychische Belastung nach dem Abort im vergangenen Sommer musste für jede Frau sehr hoch sein.

Bei den folgenden Kontrolluntersuchungen war jedoch stets alles bestens.

Barbara hatte im Januar Semesterferien und sollte eigentlich für ihre Prüfungen lernen, aber sie war viel zu erschöpft dazu. Wir fuhren nach Valbella in das Haus meiner Eltern, weil sie meinte, dort den Kopf für den Lernstoff freier zu haben als in der Stadt. Jeden Abend nahm sie sich vor, am nächsten Tag mit dem Lernen zu beginnen, doch dann konnte sie weder Energie noch Motivation dazu aufbringen. So kannte ich sie gar nicht. Sie hat zwar die Tendenz, vieles auf die lange Bank zu schieben, aber wenn genügend Druck da ist, dann kann sie innerhalb kürzester Zeit wahnsinnig viel leisten und aufnehmen.

Doch alles, was sie in diesen Wochen brauchte, war Erholung. Und diese konnte sie in der Graubündner Bergwelt finden, das wusste keiner so gut wie ich, denn auch mir geht es dort meistens besser.

Wir überlegten hin und her, wie wir in Zukunft unseren Alltag meistern wollten. Ob Barbara tatsächlich mit zwei kleinen Kindern ein so anspruchsvolles Studium bewältigen könnte, und was dazu nötig war.

Wieder einmal tat es mir so leid, dass ich nicht einmal in der Lage war, die Rolle des Hausmanns ganz zu übernehmen und die Kinder zu versorgen, wenn sie einmal nicht mehr gestillt werden müssten.

BARBARA

„Wir brauchen eben Nannys", beruhigte ich ihn. „Susanne und ich sind schließlich auch mit Kindermädchen aufgewachsen."

So schnell wollte ich mich von meinem gerade begonnenen Studium nicht verabschieden, hatte ich mir doch fest vorgenommen, es auch mit Kindern abzuschließen. Und dennoch verging die Zeit in der winterlichen Bergwelt und ich rührte meine Bücher nicht einmal an.

Wo ich doch sonst so diszipliniert bin.

Aber in jenem Winter war ich unendlich erschöpft. Dieser doppelte Hormoncocktail, der durch mein Blut schoss und mir Übelkeit verursachte, machte mich einfach schrecklich müde.

Wahrscheinlich brauchte ich die Pause auch, um in aller Ruhe über die Zukunft nachdenken zu können. Ich hatte mir dieses Studium so sehr in den Kopf gesetzt. Allein die Matura nachzuholen war kein Spaziergang gewesen. Sollte ich jetzt alles aufgeben? Und was sollte ich stattdessen tun? Womöglich wieder zurück ins Spital gehen?

Diese Überlegungen kratzten sehr an meinem Stolz. Ich bin nicht der Mensch, der etwas anfängt und dann nicht zu Ende führt, was er begonnen hat. In meiner Abteilung hatte ich verkündet, dass ich jetzt studieren würde.

Doch mit Stolz kommt man nicht weiter, außerdem wusste ich, dass man mich mit Kusshand wieder aufnehmen würde. Und dennoch: Sollte ich tatsächlich wieder hingehen und fragen, ob ich wieder anfangen könnte? Und was, wenn mit der

Schwangerschaft wieder etwas schiefgehen würde? Wollte ich in dem Fall nicht lieber studieren?

Es war zermürbend, diese Gedanken hin und her zu wälzen und sich im Kreis zu drehen. Doch als Mitte Februar die kritischen Wochen überstanden waren, gab ich mir einen Ruck und legte das Studium vorerst auf Eis.

Es war, wie ich es erwartet hatte. Im Spital konnte ich sofort wieder beginnen. Wir beschlossen, dass ich zu achtzig Prozent einsteigen und dann ab Juni, also ab dem siebten Monat, auf fünfzig Prozent reduzieren würde, was bedeutete, zwei ganze Tage in der Woche zu arbeiten.

Der Geburtstermin war für Mitte August errechnet, doch schon ab Juli plante man mich im Dienstplan nicht mehr ein.

Und auf einmal lief wieder alles rund. Die Arbeit machte mir nach wie vor Freude. Markus ging es verhältnismäßig gut und mir auch. Wir würden Eltern werden. Wir wagten nun endlich, uns darauf zu freuen.

09

Ein Wunder
im Doppelpack

BARBARA

Nach den anfänglichen Schwierigkeiten durchlief ich nun eine ruhige, unkomplizierte Schwangerschaft. Das Jahr 2015 brachte einen wunderschönen Jahrhundertsommer, den ich trotz meines Kugelbauches voll genießen konnte. Selbst die Hitze machte mir keine Beschwerden.

So bewusst verbrachte ich nie zuvor einen Sommer. Ich ging baden, traf mich mit Freunden, und obwohl sie mich in der Klinik nicht mehr eingeplant hatten, erklärte ich mich an einigen Tagen dazu bereit, Büroarbeiten zu übernehmen.

Knapp eine Woche vor der Geburt besuchte ich sogar noch die Hochzeit von Freunden.

Die Zwillinge lagen leider in Positionen, die eine natürliche Geburt unmöglich machten, und da es nicht klappte, sie zu drehen oder zum Drehen zu animieren, waren wir dazu gezwungen, einen Kaiserschnitt zu machen. Denn Baby A, so nennt man das Kind, das dem Geburtskanal am nächsten liegt, befand sich in Steißlage mit dem Popo nach unten, während Baby B quer darüberlag. Eine natürliche Geburt wäre nur dann infrage gekommen, wenn Baby A mit dem Kopf voraus in Richtung Geburtskanal gelegen hätte.

Das war nicht der Fall, und so wurde Anfang August ein Tag für den Kaiserschnitt festgesetzt. Das war zwar zwei Wochen vor dem natürlichen Termin, doch man sagt, dass bei Zwillingsschwangerschaften die letzten beiden Wochen die größten

Risiken bergen. Da lauern Gefahren wie Schwangerschaftsvergiftung oder Plazentainsuffizienz, lauter Dinge, die man natürlich vermeiden will. Und tatsächlich waren beide Kinder voll ausgereift, als sie das Licht der Welt erblickten.

Wir gingen schon am Tag zuvor, das war an einem Sonntag, in die Klinik, die nur ein paar Hundert Meter von unserer Wohnung entfernt liegt. Dort wurden die Herztätigkeiten der beiden Kinder gemessen und die Wehenkurven geschrieben. Man zeigte mir das Zimmer, nahm mir Blut ab und ich hatte Gelegenheit, mit dem Anästhesisten zu sprechen, der mir dann am kommenden Tag die Spinalanästhesie setzen würde.

Aufgrund meines Berufs weiß ich natürlich eine Menge, was schiefgehen könnte, und deshalb wünschte ich mir eine viel gründlichere Untersuchung, als sie routinemäßig vorgeschrieben ist. Der Anästhesist diskutierte glücklicherweise gar nicht erst mit mir, sondern reichte mir das Laborblatt mit den Worten: „Hier, kreuzen Sie einfach alles an, was Sie möchten."

Danach durfte ich noch mal nach Hause.

Kurz vor dem Einschlafen dachte ich: „In zwölf Stunden wird sich unser Leben komplett geändert haben."

Das war schon ein merkwürdiges, aber auch ein beglückendes Gefühl.

MARKUS

Die unbeschreiblich schönsten Augenblicke in meinem Leben waren ganz gewiss jene, als ich zum ersten Mal meine Töchter in die Arme nehmen durfte. Ich bin selbst ein Zwilling, vielleicht empfand ich von Anfang an den doppelten Kindersegen deswegen so überwältigend schön.

Während der Schwangerschaft war ich häufig in Sorge gewesen, ob die Kinder gesund auf die Welt kommen würden. Das liegt natürlich an meiner eigenen Geschichte. Immer wieder kam die bange Frage: Ist wirklich alles in Ordnung mit ihnen? Werden alle Zehen an den Füßchen dran sein und alle Finger an den Händen?

Doch als wir an jenem Montagmorgen in die Klinik kamen und wir mit einer der beiden Hebammen sprachen, wurde ich ruhiger. Sie gab uns eine Menge guter Ratschläge und strahlte so viel Kompetenz und Gelassenheit aus, dass sich meine Nervosität einigermaßen legte.

Im Operationssaal erwartete uns ein großes Team. Zum Glück durfte ich die ganze Zeit bei Barbara bleiben, alle waren sehr freundlich, schauten nach mir und versorgten mich sogar mit Tee.

Dann ging es auf einmal ganz schnell. Gleich nachdem der Operateur den Schnitt gesetzt hatte, platzte die Fruchtblase, und schon leuchtete mir der weiße Po unserer ersten Tochter entgegen.

Irgendwie taten mir die beiden Kleinen auch fast ein wenig

leid, als sie da so brüsk aus ihrer schützenden Höhle geholt wurden. Dort hatten sie ganz eng aneinandergekuschelt gelegen, geborgen und geschützt, haben sich in der Schwerelosigkeit des Mutterleibs bewegt – und einen Moment später waren sie draußen in der Kälte, im grellen Licht. Das muss doch ein riesiger Unterschied sein, dachte ich.

Dann hatte ich das erste Kindlein auf dem Arm – ein riesengroßes Wunder, wie ich fand. Auf den ersten Blick schien mit unserer Erstgeborenen alles in Ordnung zu sein. Auch die Kinderärztin, die die Kleinen sofort untersuchte, bestätigte das zu meiner großen Erleichterung.

Währenddessen kam auch unsere zweite Tochter vollkommen gesund zur Welt.

Ich erinnerte mich an die Worte der Hebamme, die mir eingeschärft hatte: „Ihre einzige Aufgabe, Herr Hänni, ist es, dafür zu sorgen, dass die Kinder möglichst schnell wieder zur Mutter an die Brust kommen, wenn sie einmal draußen sind."

Ich schlug vor, dass immer nur eines der Babys zum Wiegen, Messen, zum Fußabdrucknehmen, Waschen und Wickeln weggetragen wurde, während das andere bei Barbara im Aufwachsaal bleiben konnte. Und so geschah es dann auch.

Diesem Wunder beizuwohnen war für mich nahezu umwerfend. Es war das erste Mal, dass ich einen Spitalaufenthalt auf so positive Weise erlebte. Das war eine völlig neue Erfahrung für mich.

Wie auf Wolken und voller Glück ließ ich Barbara mit den beiden Kindern schließlich allein, als sie ihre Ruhe brauchten, und verließ das Spital, das ich als einen ganz neuen Ort erlebt hatte.

Ich war Vater geworden, und damit begann für mich eine neue Stufe von dem, was ich den Himmel auf Erden nenne. Ich übernahm es, allen die freudige Nachricht zu überbringen.

Geteilte Freude ist doppelte Freude, heißt es, und an diesem Tag erlebte ich, wie viel Wahrheit darin steckt. Zu meinem eigenen Staunen empfand ich das Ereignis, Vater zu werden, als noch intensiver und beglückender als unsere Verlobung und die Hochzeit es gewesen waren, auch wenn ich das vorher kaum für möglich gehalten hätte.

Schon im Vorfeld hatten wir uns intensiv mit der Frage auseinandergesetzt, welche Auswirkungen das Leben mit zwei Neugeborenen auf meinen Kräftehaushalt und damit auf meine Gesundheit haben würde.

„Aber das ist doch kein Problem", hatte Barbara erklärt. „Es ist klar, dass du keine schlaflosen Nächte haben darfst. Wir werden alles so organisieren, dass du die notwendige Ruhe bekommst."

Wir beschlossen, dass ich die erste Zeit auf einem Klappbett im Wohnzimmer schlafen würde, damit meine Nachtruhe nicht gestört war und ich somit ausreichend Energie hatte, um gut durch den Tag zu kommen.

Mir war klar, wie anstrengend die Nächte mit zwei Säuglingen für Barbara waren, die alle drei Stunden hungrig aufwachten, und empfand die von ihr vorgeschlagene Lösung als ein riesiges Entgegenkommen. Schließlich ist es für jede junge Mutter eine Herausforderung, die Nächte mit einem Neugeborenen allein zu verbringen, regelmäßig zu stillen und zu wickeln, geschweige denn mit Zwillingen.

Doch so ist Barbara einfach: Sie garantiert mir auch in derartigen Ausnahmesituationen, in der manch andere junge Mutter stöhnen und von ihrem Mann Hilfe erwarten würde, die Unterstützung, die ich brauche.

Ich empfinde das keinesfalls als selbstverständlich. Auch darin äußert sich Liebe: Barbara weiß, was mir guttut und was ich brauche, und stellt ihre eigenen Bedürfnisse oftmals hintenan. Mir ist stets bewusst, welch enormes Verständnis für meine Lage das voraussetzt.

BARBARA

Zuerst habe ich die Kinder nacheinander gestillt, doch das dauerte viel zu lange und ich selbst fand überhaupt keine Ruhe mehr. Dann probierte ich aus, ob es möglich wäre, sie gleichzeitig an je eine Brust zu legen, und das funktionierte hervorragend.

Die Hebamme half mir außerdem, den Kindern von Anfang an eine klare Struktur zu geben, nur so kam ich relativ entspannt mit den beiden Säuglingen im Doppelpack klar.

Auch wenn die ersten Wochen sehr anstrengend waren, liebte ich diese Zeit. Es machte mir nichts aus, nachts aufzustehen und für meine Kinder zu sorgen. Die Liebe zu ihnen machte die Müdigkeit allemal wett.

Ich hatte sehr darauf geachtet, dass Markus so viel Ruhe wie möglich hatte. Trotzdem bekam er zwei Wochen nach der Geburt eine Infektion und musste für vierzehn Tage ins Spital. Und wenngleich das bei uns schon fast zur Routine gehört, empfand ich es dieses Mal als ganz besonders schmerzlich.

Als sich Markus über seine Töchterchen beugte und ihnen einen Abschiedskuss gab, zerriss es mir schier das Herz und ich musste auf einmal schrecklich weinen. Sicherlich waren da auch die Hormone im Spiel, die sich nach einer Geburt erst langsam wieder umstellen. Aber ist es nicht traurig, dass der Papa den Babys bereits nach so kurzer Zeit Auf Wiedersehen sagen musste? Gerade erst waren wir eine richtige Familie geworden, und jetzt musste er auf einmal weg.

Ich spürte, dass sich etwas Wesentliches verändert hatte. Wir waren nicht mehr nur zwei Erwachsene in einer gleichberechtigten Partnerschaft, sondern wir waren Eltern geworden.

Ich vermute heute, meine Tränen waren nicht Ausdruck von Angst um Markus' Leben, sondern von einem tief sitzenden, archaischen und irrationalen Schmerz darüber, dass unsere kleine Familie so früh schon wieder auseinandergerissen wurde. Damals erfasste ich auf emotionaler Ebene, was es heißt, verantwortlicher Teil einer Familie zu sein und wie es sich anfühlt, wenn dieses Gefüge bedroht ist.

Plötzlich tauchten wieder Ängste auf. Was, wenn sich Markus' Zustand verschlimmerte? Wenn es plötzlich Komplikationen gäbe? Was, wenn wir um sein Leben fürchten müssten? Solche Ängste hatten mich zu Beginn unserer Beziehung umgetrieben. Dann hatte ich mich irgendwie mit ihnen arrangiert. Ich hatte mich, wie es eben Menschenart ist, an die Situation gewöhnt und konnte inzwischen relativ gelassen und rational damit umgehen, dass Markus immer wieder ins Spital musste.

Nach der Geburt jedoch wurde mir wieder bewusst, dass unser gemeinsames Glück an einem seidenen Faden hängt. Und wie gefährdet es doch ist.

Ich fasste mich bald wieder. Einmal mehr kam mir meine vernünftige Art mit Situationen umzugehen zu Hilfe. Gemeinsam mit den Kleinen besuchte ich Markus regelmäßig, bis er wieder nach Hause kommen konnte.

Während dieser ersten Wochen und Monate erfuhr ich grandiose Unterstützung durch unsere Familien. Meine Eltern, meine Schwiegereltern und Freunde waren da, wenn wir sie brauchten. Manchmal schlief meine Mama auch bei uns, half beim Wickeln und beim Ins-Bett-Bringen. Bald hatte ich abends nicht mehr ausreichend Milch für die beiden Mädchen, dann mussten wir ihnen zumindest zur Nachtmahlzeit die Flasche geben.

Vor der Geburt hatten viele gesagt: „Was? Du bekommst Zwillinge? Ich komm dann und helfe dir."

Und jedes Mal hatte ich mein Smartphone gezückt, mir den Namen notiert und eine „Freiwillige-Helfer-Liste" angelegt. Jetzt sandte ich Nachrichten an diese Liste mit den Worten: „Ihr habt gesagt, ihr wollt helfen. Jetzt wäre die Gelegenheit dazu."

Für mich war das ein großer Schritt, denn ich bin nicht der Typ, der andere gerne um Hilfe bittet und sich leicht damit tut, sie anzunehmen.

Aber auch das habe ich von meinem Mann gelernt: dass es beileibe keine Schwäche ist, sondern sogar eher ein Zeichen von Stärke, wenn man in der Lage ist, sich helfen zu lassen und diese Hilfe sinnvoll zu koordinieren.

Denn jede Gabe hat auch ihre Schattenseiten. Markus bewundert mich sehr für mein Organisationstalent. Das ist sicher eine meiner großen Stärken. Auf der anderen Seite fällt es mir enorm schwer zu delegieren, wenn ich das Gefühl habe, damit die Kontrolle zu verlieren. Jeder hat seine eigenen Strategien, mit seinen Ängsten und Befürchtungen umzugehen. Mir ist am wohlsten, wenn ich eine Sache selbst in die Hand nehmen kann, denn dann weiß ich, ob und wann und wie sie erledigt wird.

Manchmal ist dies jedoch auch ein Hemmschuh. Von Markus, der sich in vielen Dingen einfach helfen lassen muss, habe ich gelernt, loszulassen und anderen zu vertrauen. Das ist einfacher bei Dingen, die nicht so wichtig sind. Geht es aber um die Gesundheit, das Wohl unserer Kinder, um Markus' Leben, dann sieht es schon anders aus.

Natürlich kann man nicht alles alleine stemmen. Und es ist auch gar nicht gesagt, dass ich diejenige bin, die alles am besten macht, so von mir eingenommen bin ich wirklich nicht.

An Markus' Seite habe ich gelernt, dass es guttut und bereichernd ist, nicht immer nur zu geben, sondern auch anzunehmen. Und dass das eine Form der Würdigung eines anderen Menschen bedeutet, der somit seine Stärken und Kompetenzen entfalten und seine Zuneigung und Liebe zu mir auf diese Weise zeigen kann. In einer Liebessprache, die auch ich spreche, der Hilfsbereitschaft.

Solche Gedanken gingen in mir um, während ich auf dem Sofa saß, unsere beiden kleinen Töchter stillte und dankbar zusah, wie meine Verwandten oder auch Freundinnen mir im Haushalt halfen, eine Suppe brachten, für mich einkaufen gingen oder mir sonst etwas abnahmen.

Als Markus wieder bei uns war, übernahm er ganz selbstverständlich viele Aufgaben. Früher hatte er mit fremden kleinen Kindern mitunter etwas unbeholfen gewirkt, aber mit unseren Zwillingen war es von Anfang an eine ganz andere Sache. Wenn es beispielsweise darum ging, die Windeln zu wechseln, sagte er: „Das mach ich gerne! Es sind doch meine Kinder!"

Von Freunden weiß ich, dass das Windelwechseln nicht bei allen jungen Vätern zur Lieblingsaufgabe gehört, doch für Markus war es von Anfang an selbstverständlich.

Das Band, das uns alle vier miteinander verbindet, ist stark. Und das ist gut. Denn möglicherweise wird es noch viel aushalten müssen.

10

Hoffnung auf
ein langes Leben

BARBARA

Zu Markus' Alltag gehört es auch, dass er sich auf dem Laufenden darüber hält, welche neuen Entwicklungen es in der Mukoviszidoseforschung gibt.

In Deutschland leiden gegenwärtig rund 8.000 und in der Schweiz knapp 1.000 Betroffene unter ihr.

Bis heute ist Mukoviszidose zwar bedauerlicherweise nicht heilbar, jedoch inzwischen recht gut behandelbar. Die meisten Patienten benötigen ihr ganzes Leben lang Medikamente: Enzyme der Bauchspeicheldrüse, schleimverflüssigende Wirkstoffe, entzündungshemmende Medikamente und manches mehr. Sie müssen regelmäßig inhalieren und täglich spezielle Atemtherapien und krankengymnastische Übungen durchführen, um den zähen Schleim in den Atemwegen zu lockern und zu entfernen.

Die gute Nachricht ist: Effizientere und personalisierte Therapien und eine Früherkennung der Krankheit durch das Neugeborenenscreening, bei dem alle Babys auf verschiedene angeborene Stoffwechselerkrankungen durch Blutabnahme an der Ferse getestet werden, lassen die Lebenserwartung der Betroffenen kontinuierlich steigen.

Ging man noch vor ein paar Jahren von einer durchschnittlichen Lebenserwartung von dreißig Jahren aus, so ist der Durchschnittswert bei Menschen, die nach 2000 geboren wurden, zwischen vierzig und fünfzig Jahren, je nach Land. Rein statistisch liegt die mittlere durchschnittliche Lebenserwartung aller Mukoviszidosepatienten laut der Cystic Fibrosis Foundation in den USA momentan bei 37,5 Jahren. Dank medizinischer Entwicklung nimmt sie seit Jahren kontinuierlich zu. Ein Kind, das heute mit Mukoviszidose zur Welt kommt, hat gute Chancen, das Rentenalter zu erreichen.

Obwohl Markus in einer anderen Zeit aufwuchs, hoffen wir doch, dass auch er von den Fortschritten der Medizin profitieren wird. Jedenfalls hat er jetzt schon viel mehr gelebt und erlebt, als es ihm seine Ärzte als Kind prognostiziert haben.

MARKUS

Ich habe einen ganz klaren Plan: Ich möchte meine Kinder aufwachsen sehen, erleben, wie sie ihre Schule abschließen, ich möchte sie zum Traualtar führen und noch lange für sie da sein.

Seit ich ein kleiner Junge war, hat sich in der Forschung so viel getan, und ich weiß, dass sich da noch einiges verbessern wird. Zwar gibt es immer noch Patienten, die als Kleinkinder sterben. Aber insgesamt ist die Chance, mit der Krankheit ein höheres Alter zu erreichen, so hoch wie nie zuvor.

Es gibt heute viele Zwanzigjährige mit derselben Mutation wie ich, die ihre Kindheit nicht hauptsächlich in Spitälern verbrachten, sogar noch nie hospitalisiert waren und ein normales Lungenvolumen haben. Und wenn dieser Trend so weitergeht, werden die Aussichten für Mukoviszidosepatienten, in der

Zukunft einmal ein relativ normales Leben führen zu können, immer wahrscheinlicher, bis man diese Krankheit in ein paar Jahrzehnten vielleicht sogar ganz heilen kann.

Seit Jahresbeginn 2017 nehme ich ein neuartiges Medikament ein, auf das ich große Hoffnungen setze. Zum ersten Mal ist es etwas, das nicht nur die Symptome bekämpft, sondern relativ nah an den Ursachen ansetzt.

Für meine Mutation ist tatsächlich ein Präparat herausgekommen, das Verbesserung verspricht. Natürlich kann es den genetischen Fehler nicht beheben, aber es wirkt dort, wo sich der Fehler zuerst manifestiert.

Man kennt zwar noch keine Langzeitwirkungen, und auch kann mir keiner garantieren, dass das neue Medikament überhaupt was bringen wird, aber was habe ich schon zu verlieren?

Die Risiken, die meine Krankheit mit sich bringt, sind so vielfältig: Man schätzt das Risiko, früher oder später Diabetes zu bekommen, auf rund dreißig Prozent. Auf der Liste stehen auch noch so fabelhafte Aussichten wie Darmkrebs und Lungenkrebs. Arthritis habe ich bereits, vor allem sind die Knie und der Rücken davon betroffen, das liegt an der gestörten Versorgung der Gelenke mit Flüssigkeit. Würde ich in der Angst vor all diesen Risiken leben, wäre ich sicherlich schon längst an ihr zugrunde gegangen.

Das neue Medikament wirkt auf zweierlei Weise, und ist, so hoffen wir, gerade bei meiner komplizierten Mutation besonders wirksam. Es öffnet die Ionenkanäle der Zellen und macht sie durchlässiger, sodass dort Ionen durchdringen können und damit die Körperflüssigkeiten weniger zäh sind.

Dadurch, so hoffen wir, reduziert sich die Gefahr von Infektionen, was wiederum zur Folge hat, dass ich nicht mehr so häufig ins Spital muss, um intravenöse Antibiotikakuren durchzuführen, was immer eine zusätzliche, schwere Belastung für meinen Körper bedeutet.

Tatsächlich musste ich in diesem Jahr 2017 innerhalb von neun Monaten zweimal ins Spital, und auch wenn es mir lieber wäre, ich müsste da überhaupt nicht mehr hin, so bedeutet das doch eine deutliche Verbesserung im Vergleich zu den Jahren davor. Wenn man bedenkt, dass mich die intravenösen Antibiotika-behandlungen jedes Mal enorm viel Kraft kosten und ich nach solchen vierzehn Tagen meist einen ganzen Monat brauche, um mich davon wieder zu erholen, kann man meine Erleichterung sicherlich verstehen. Es ist unklar, ob dieses gute Jahr wirklich auf das Medikament zurückzuführen ist. Ich hoffe es jedenfalls.

Auch andere Patienten, die das neue Medikament erhalten, berichten, dass sie mehr Energie haben und besser durch die Nase atmen können. Ich habe festgestellt, dass das Sekret tatsächlich dünnflüssiger geworden ist.

Das Ganze könnte also langfristig wie eine sich positiv entwickelnde Spirale wirken, meine Energiereserven könnten kontinuierlich zunehmen und die eventuellen Nebenwirkungen überwiegen. Im Augenblick habe ich noch keine bemerkt.

BARBARA

Natürlich ist es noch zu früh zu sagen, wie dieses neue Medikament tatsächlich bei Markus anschlagen wird. Aus meiner beruflichen Praxis weiß ich, dass wir erst nach längerer Zeit wirklich sehen werden, wie es sich auswirkt.

Da spielt auch die Psyche eine große Rolle, und tatsächlich können positive Erwartungen und der absolute Wille zur Verbesserung eine solche hervorrufen, wenn auch möglicherweise nur kurzfristig.

Wir versuchen, nicht an der Therapie zu zweifeln, wenn sich Markus' Zustand kurzfristig doch wieder verschlechtert. Denn das muss noch lange nicht heißen, dass das Medikament nicht anschlägt. Man weiß ja nicht, wie es ihm ohne diese neue Therapie ginge.

Es ist schon erstaunlich, wie gut wir Menschen uns in den schwierigsten Umständen einrichten können. Im Alltag spielt Markus' Krankheit einfach nur insofern eine Rolle, als sie unseren Tagesablauf beeinflusst. Wir haben sie integriert, uns mit ihr so gut wie möglich arrangiert, und obwohl wir ganz genau wissen, dass die Statistiken eine andere Sprache sprechen, erlauben wir uns hin und wieder, uns auszumalen, wie es wäre, gemeinsam sechzig und mehr Jahre alt zu werden.

Vielleicht ist das ein psychischer Selbstschutzmechanismus unserer Spezies, denn kein Mensch kann auf Dauer in ständiger Erwartung des Schlimmsten leben.

Wir können eben viele Situationen nicht beeinflussen, aber wir können sehr wohl entscheiden, wie wir mit diesen Situationen umgehen.

Ich will nicht mit unserem Schicksal hadern, denn das macht bitter und verdirbt das Schöne, das wir trotz allem in Fülle haben. Ich möchte mich an meinen Kindern und an dem Zusammensein mit meinem Mann freuen. Jetzt und hier.

11

Von der Kunst, glücklich zu sein

BARBARA

Hin und wieder frage ich mich, wie mein Leben heute aussehen würde, wenn ich einen komplett gesunden Mann an meiner Seite hätte.

Was wäre anders? Wäre ich glücklicher?

Mein Leben wäre sicherlich ein bisschen bequemer, ich müsste weder so viel Verantwortung übernehmen noch so viel leisten. Ich hätte dann aber auch nicht den Grad an Selbstständigkeit und Stärke erlangt, den ich heute habe.

Und das wäre schade.

Ich lerne so unglaublich viel dadurch, dass ich seit Jahren unsere Familie manage. Durch die sich ständig wandelnden Anforderungen erhalte ich Gelegenheit zu wachsen und Kompetenzen zu entwickeln, auf die ich auch ein bisschen stolz bin. Ich kann meine Fähigkeiten voll entfalten. Und das macht mich glücklich.

Vielleicht trage ich auch Anlagen in mir, die jetzt in diesem Leben, das ich gewählt habe, verkümmern, weil andere gefragt sind. Zum Beispiel Abenteuerlust, sportliche Herausforderungen. Wobei ich gestehen muss, dass mir daran überhaupt nicht viel liegt. Ich bewege mich gerne, fahre Fahrrad und liebe Wanderungen. Aber ich bin weder ein Ski-Crack noch eine Bergfanatikerin. Im Grunde bin ich nicht der Typ, der sagt: Diesen Berg muss ich bezwingen. Ich gehe gerne mit, wenn jemand einen Ausflug plant. Doch von mir geht in diese Richtung selten eine Initiative aus.

Wäre ich also glücklicher in der Ehe mit einem gesunden Mann? Ganz sicher nicht. Denn Schwierigkeiten kann es immer geben, das sehe ich an meinen Freunden, für die Gesundheit selbstverständlich ist und die dennoch nicht jeden Tag überglücklich aufwachen.

Auch sie sind vor Krisen nicht gefeit. Und auf einer Glücklichkeitsskala zwischen eins und zehn befinden sich die meisten auch nicht ständig ganz oben, genauso wenig wie wir uns ständig ganz unten befinden. Vielleicht können wir glückliche Momente sogar noch tiefer empfinden, weil wir auch die dunklen Seiten des Lebens kennen?

An der Seite eines gesunden Mannes wäre ich heute nicht diejenige, die ich geworden bin. Wahrscheinlich wäre ich viel oberflächlicher und würde mich über Dinge beklagen, die überhaupt keinen hohen Stellenwert in meinem jetzigen Leben haben.

Ich musste in jungen Jahren bereits viel über das Leben und Sterben lernen, nicht nur im Beruf, sondern auch in meiner allernächsten Nähe. Das hat mich schneller reifen lassen. Und darüber bin ich froh.

Dabei habe ich auch gelernt, auf meine Intuition zu vertrauen und zügig die richtigen Entscheidungen zu treffen.

Ich darf aber auch nicht meine eigenen Bedürfnisse vergessen, mich nicht vollkommen aufopfern für die Familie und für meinen Mann. Das würde er auch überhaupt nicht wollen. Denn Markus weiß ganz genau: Geht es mir gut, dann geht es auch den Kindern gut. Und ihm ebenso.

Glück. Was ist das eigentlich für mich?

Dazu fällt mir eine lustige Geschichte ein: Meine Mutter gründete aus purem Spaß vor Jahren ein fiktives Familienreisebüro, das sie nach ihrem eigenen Vornamen „Teresia-Reisen" nannte. Denn meine Eltern lieben es, uns zum Beispiel zum Weihnachtsfest kleine Reisen oder Hotelaufenthalte zu schenken, Auszeiten aus dem Alltag, in denen wir wieder Kraft tanken und als Familie Gemeinschaft genießen können.

Dafür denkt sich meine Mutter immer wieder etwas Neues aus. Manchmal muss man zum Beispiel ein Rätsel lösen oder Quizfragen beantworten, die einen zur Destination führen. Einmal erfand sie eine Challenge, bei der man einsetzen musste, was persönlich Glück für einen selbst genau bedeutet: *Happiness is …*

Ich stellte fest, dass es gar nicht so einfach ist, das zu formulieren. Und ich fand heraus, dass es ganz einfache Dinge sind, die mich wirklich glücklich machen.

Zum Beispiel bin ich unendlich glücklich, wenn ich mich Markus nahe fühle. Und deswegen sind die anderen Zeiten, wenn der sprichwörtliche Wurm drin ist und es so scheint, als hätten wir keinen gemeinsamen Nenner, für mich wirklich schlimm.

Glück ist für mich, wenn ich mich von Markus verstanden fühle.

Glück bedeutet für mich außerdem, gemeinsame Highlights zu erleben. Es müssen nicht unbedingt große Anlässe wie Auslandsreisen oder Ähnliches sein. Es kann auch ein besonders schöner Spaziergang oder ein Picknick oder ein Ausflug in ein Café sein.

Eine besondere Freude ist es für mich zum Beispiel auch, wenn mir Markus mit den Kindern auf meinem Heimweg von der Arbeit ein Stück entgegenkommt. Oder wir treffen uns auf halber Strecke bei unserer Lieblingseisdiele, wo wir noch kurz etwas trinken oder ein Eis essen.

So klein dieser Anlass für Außenstehende zu sein scheint, für mich ist das ein Highlight, denn es ist jedes Mal ein Zeichen, dass es Markus an diesem Tag gut geht.

Sehr oft sind es ganz kleine Dinge, die Glück bedeuten.

MARKUS

Ja, auch ich bin ausgesprochen glücklich. Trotz unheilbarer Erbkrankheit, trotz täglicher, anstrengender Therapie, trotz all der Schmerzen, die mich fast ständig begleiten, trotz immer wiederkehrender Spitalaufenthalte, trotz allem, was anders sein könnte, wäre ich gesund. Ich bin dankbar, trotz meiner Umstände, denn ich bin mir darüber bewusst, was ich alles haben darf. Eine wunderbare Frau, die ich liebe und die mich liebt, gesunde, herzige Kinder und eine Familie, die zusammenhält. Ich habe ein schönes Zuhause und darf in der Schweiz leben, was schon vieles über unseren Standard und unsere Sicherheit aussagt. Es ist ein privilegiertes Leben! Ich lebe in einem fantastischen Umfeld, unter interessanten Menschen, die ich meine Freunde nennen darf. Für all das bin ich unglaublich dankbar.

Mein Glück ist so groß, dass ich gerne anderen Menschen helfen möchte, die verzweifelt sind und nur mehr vor Augen haben, was ihnen fehlt. Denen möchte ich sagen: Gebt niemals die Hoffnung auf, sondern macht aus dem, was ihr habt, das Beste. Seid treu im Kleinen und geht Schritt für Schritt voran. Vergleicht euch nicht mit anderen und verharrt nicht auf der Warum-Frage. Fokussiert euch auf das, was ihr zu tun in der Lage seid und baut das aus. Haltet euch nicht mit dem auf, was euch versagt ist, denn davon wird nichts besser.

Schließt, wenn nötig, Frieden mit der Vergangenheit und damit, dass man nicht alles kann. Ich zum Beispiel liebe die Alpen, aber kann sie weder besteigen noch stundenlang durchwandern. Aber das muss ich ja auch nicht. Es gibt genügend andere Möglichkeiten, das Gebirge zu genießen.

Jeder ist selbst dafür verantwortlich, dass sein Herz nicht verbittert. Diese Aufgabe kann einem niemand abnehmen.

Es ist befreiend, wenn man zumindest ab und zu versucht, den Fokus von sich und den Problemen zu lösen und auch einfach mal dankbar ist für das, was man hat.

Der englische Philosoph Sir Francis Verulam Bacon prägte schon im sechzehnten Jahrhundert den Satz: *Nicht die Glücklichen sind dankbar. Es sind die Dankbaren, die glücklich sind.*

Juli 2014: auf der Wiese vor ihrer Wohnung, im Hintergrund sichtbar ihr „Gärtchen".

Gemeinsam die Welt entdecken: Städtetrip nach Paris im Oktober 2012.

Familienferien in Ligurien im Juli 2011: links Sam und Susanne, in der Mitte Barbaras Eltern Andreas und Therese, rechts Markus und Barbara.

Barbara und Markus mit Martina und Joel im Oktober 2014 auf dem Niesen (Berg am Thunersee) in der Schweiz.

Foto: Helene Jordi

April 2012: Frühlingsshooting für die Einladungskarte zur Hochzeit.

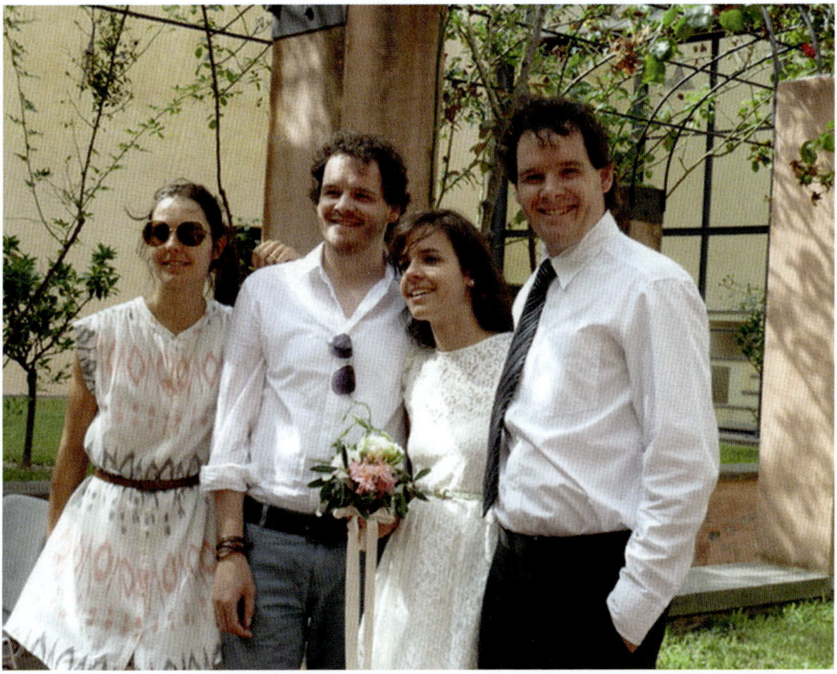

Zivile Hochzeit in Ligurien am 23. Juli 2012: Das Brautpaar mit den Trauzeugen Susanne und Zwillingsbruder Thomas vor dem Standesamt im Kloster „Santa Catharina“ in Final Borgio.

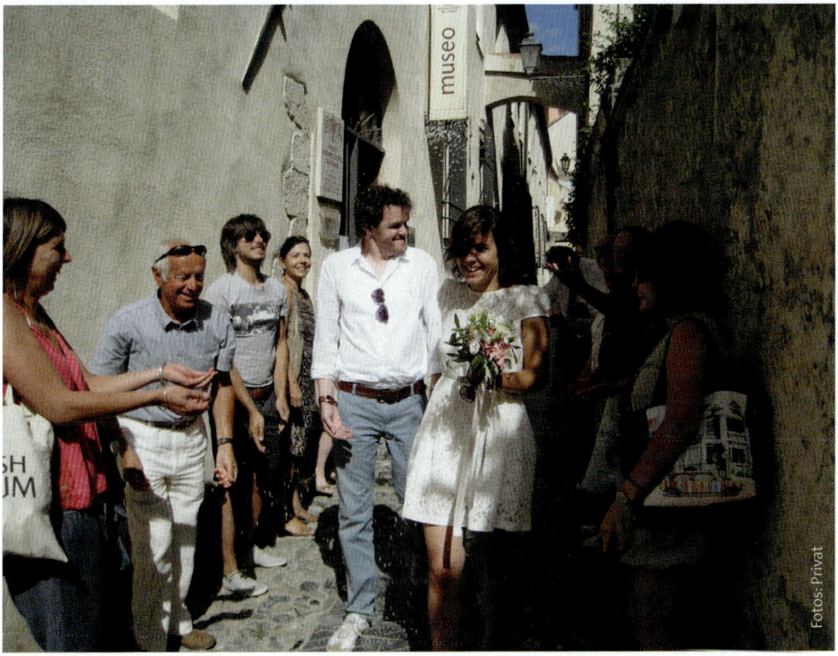

Fotos: Privat

Spalier: Nach der Trauung stehen Familie und Einheimische Spalier.

28. Juli 2012: Hochzeitsfest im Schloss Thunstetten.

28. Juli 2012: Kirchliche Hochzeit in der Kirche Madiswil.

Juli 2015: im Garten von Markus' Eltern Christine und Daniel.

13. Juni 2015: Babyshower. Barbara im Rosengarten in Bern.

Markus und Barbara mit den Zwillingstöchtern am Heidsee in Valbella/Lenzerheid Graubünden in der Schweiz. Mit dabei: der Hund von Markus' Eltern.

Am Ende steht die Liebe.

An dieser Stelle möchte ich noch einmal auf jene traurige Phase in meinem Leben eingehen, die dafür gesorgt hat, dass ich heute zu dieser Überzeugung gelangt bin.

Es geschah vor vielen Jahren, als ich noch berufstätig sein konnte. Ich hatte einen arbeitsreichen Tag hinter mir, als ich die Bürotür schloss und in Richtung Bahnhof lief.

Mitten in der Rushhour überkam mich unversehens ein ätzendes Reizgefühl in den Atemwegen. Es fiel mir immer schwerer, Luft zu holen, und der Atem roch stark nach Eisen. Unaufhörlich füllte sich mein Mund mit Blut. Was sollte ich tun? Völlig verunsichert stieg ich in den Zug, um nach Hause zu fahren.

Da ich auf keinen Fall Aufmerksamkeit erwecken wollte, wählte ich einen Sitzplatz ganz nah bei den Türen, wo wenig Menschen saßen. Während der zwanzigminütigen Fahrt wurde ich immer schwächer. Es war mir schwindlig. Ich schluckte das Blut, das immer weiter in meinen Mund strömte, hinunter, bis mein Magen brannte. Ich fühlte mich schrecklich und fürchtete, jeden Moment ohnmächtig zu werden.

Daheim angekommen, rief ich meinen Arzt an, der mich sofort als Notfall ins Spital einwies.

Ins Spital eingewiesen zu werden, das ist mir seit frühester Kindheit leider allzu vertraut. Doch dieses Mal war es anders. Ein großes Blutgefäß war gerissen.

Es folgten vier erschöpfende operative Eingriffe, und mein Spitalaufenthalt zog sich mit Komplikationen und Verbesserungsstillstand einschließlich Rückschlägen in die Länge.

Drei Monate lang lag ich völlig ausgemergelt und mit permanenten Brustfellschmerzen auf der pneumologischen Abteilung. Dort pumpte man mich mit intravenösen Medikamenten voll. Ich war so schwach, dass ich völlig auf die Hilfe anderer angewiesen war.

Die behandelnden Ärzte suchten immer wieder nach der optimalsten Behandlungsmethode und passten die Medikation dem Verlauf ständig an.

Es war eine schlimme Zeit, die nur noch von einer anderen Phase unterboten wurde, als ich mit der Diagnose Brustfellentzündung im Krankenhaus lag, kurz nachdem mich meine erste Freundin verlassen hatte.

In jenen Tagen besuchten mich völlig unabhängig voneinander einige Personen, und die Gespräche, die sie mit mir führten, schienen alle nur in eine Richtung zu weisen.

„*Ich* würde mir diese Prozedur niemals bieten lassen", erklärten die einen. „Das ist doch kein Leben! Wäre ich in deiner Lage, hätte ich längst alles Erforderliche mit der Sterbeorganisation Dignitas abgesprochen. Ich weiß nicht, wie du das noch ertragen kannst!"

Die anderen erklärten mir, dass Suizid ein persönliches Freiheitsrecht sei, und sie sich in meinem Fall schon längst von einer Brücke gestürzt hätten.

Ich war so am Boden, dass ich nun selbst den Ausweg suchte und mir nachts versuchte, mit einem Medikament das Leben zu nehmen. Davon habe ich ja bereits berichtet.

Ich bin heute so froh, dass der Suizidversuch schiefging. Meine Zeit war noch nicht vorbei. Ich hatte eine zweite Chance bekommen.

Was war passiert? Warum hatte ich diesen verzweifelten Ausweg gesucht? Ich war doch immer so hart im Nehmen gewesen.

Ich war in einen Zustand geraten, in dem der berühmte letzte Tropfen das Fass zum Überlaufen gebracht hatte. Wenn es irgendwann alle Kraft braucht, nur damit man im Bett aufrecht sitzen kann, wenn keine Besserung in Sicht ist, dann kann es schon passieren, dass man seinen gesamten Lebensmut verliert, vor allem, wenn man erfährt, dass selbst die Spezialisten mit ihrem Latein am Ende sind und der Schrei nach Erlösung lauter ist als die Kraft, sich dem Leiden zu stellen. Über so lange Zeit bei nahezu jeder Bewegung auf die Hilfe anderer angewiesen zu sein, das empfand ich damals als unerträglich.

Als ich schließlich diese schwere Zeit aufarbeitete, begriff ich, wie die Äußerungen meiner Besucher eigentlich zu deuten waren.

In unserer Gesellschaft hat sich ein Tabu verlagert. Nicht mehr das Sterben an sich, sondern die Ohnmacht gegenüber Leiden und Kreatürlichkeit sind tabuisiert. Offenbar war der Gedanke, mich tot zu wissen, meinen sogenannten Freunden erträglicher, als der, mich leiden zu sehen. Denn die Umwelt leidet ja mit. Und so war ich zu dem irrigen Schluss gekommen, nicht nur mich selbst, sondern auch meine Umwelt von diesem unsinnigen Leiden befreien zu müssen.

Dass dies ein Trugschluss war, und dass ein freiwilliger Tod eine Unzahl von nie mehr beantwortbaren Fragen und Schuldgefühle hinterlässt, wurde mir erst nach meinem Aufwachen klar.

Und wer sagt denn, dass wir Leid um jeden Preis vermeiden

müssen? Sind es schlussendlich nicht die eigenen Leiderfahrungen und die eigene Bewusstwerdung, die zu Empathie und der Fähigkeit, im guten Sinne mit anderen mitzuleiden, befähigen?

In der Nähe des Todes kommen wir unserem Unbewussten unweigerlich nahe. Kein Sterbender kommt an seiner eigenen tiefen Wahrheit und an sich selbst vorbei. Keine Stunde ist ungeschminkter als die Stunde des Sterbens.

Das macht Angst. Ich habe durch meine Todeserfahrung gelernt, dass die Duldung unserer Wohlstandsgesellschaft gegenüber Sterbehilfe der Versuch ist, sich dem letzten Abschnitt von Leben und vom Leiden mit all diesen Implikationen gar nicht erst aussetzen zu müssen.

Abgesehen davon, dass unsere Gesellschaft alles dafür tut, um Leiden und Sterben auszugrenzen, misst sie meiner Beobachtung nach allen materiellen Aspekten unseres Lebens einen zu hohen Stellenwert bei. Das wird uns tagtäglich in der Werbung vorgeführt, wo uns ein ganzer Himmel voller Glück versprochen wird, wenn wir nur dieses eine, neue, wunderbare Produkt kaufen. So kommt es, dass sich viele Menschen über diesen übertriebenen Materialismus definieren, ja, sich mit ihm sogar identifizieren. So sind Auto und Besitzer manchmal nur schwer zu trennen.

Wie kann es aber sein, dass der Wert eines Menschen proportional zum Wert seines Verkehrsmittels steigt? Das ist nichts weiter als Illusion, um nicht zu sagen Unsinn.

Denn all das wird uns nicht zu einem glücklicheren Menschen machen, ganz im Gegenteil.

Uns wird immer ein Gefühl von Leere begleiten und der Wunsch, etwas anderes zu besitzen, was uns dann hoffentlich das gesuchte Glücksgefühl bescheren wird. So werden wir Getriebene, statt selbst etwas anzutreiben.

Das Geheimnis, das ich irgendwann nach meinem Suizidversuch entdeckt habe, ist: Nicht das, was uns fehlt, hindert uns daran, glücklich zu sein. Sondern unser Unvermögen, das potenzielle Glück in dem zu erkennen, was wir schon längst haben.

Per E-Mail wenden sich recht häufig Menschen an mich, die, obgleich kerngesund, von einer schrecklichen Angst getrieben werden, sie könnten eine schlimme Diagnose erhalten. MS zum Beispiel oder sonst eine chronische, unheilbare Krankheit.

Diesen Menschen möchte ich sehr gerne ihre Ängste nehmen. Denn oftmals ist die Angst vor etwas viel schlimmer, als wenn das Befürchtete tatsächlich eintritt. Stattdessen sollte man doch in der Gegenwart leben, denn hier findet unser Leben statt, nicht in der Vergangenheit und nicht in einer ungewissen Zukunft. Alles, was wir haben, ist das Jetzt. Wollen wir uns wirklich dieses einzige Gut, das wir haben, mit diffusen Ängsten beschweren?

Leider ist das alles andere als einfach. Viel zu viel beschäftigen wir uns mit dem, was in der Zukunft lauern könnte. Oder wir grübeln unentwegt über etwas in der Vergangenheit, an der wir sowieso nichts mehr verändern können.

Das Einzige, worüber wir uns sicher sein können, ist das, was uns im Augenblick umgibt.

Es gibt einen schönen Satz, den ich gerne zitiere: *Forever is composed of many nows* – für immer besteht aus lauter Jetzts.

Mir erscheint es, vor allem nach meinen Erfahrungen, viel sinnvoller, diese Jetzts zu leben und uns an dem zu freuen, was ist. Und das, was uns fehlt, nicht so wichtig zu nehmen.

Ich gehe immer wieder durch schwere Zeiten und erlebe doch auch unbeschreibliches Glück. Alles ist immer ganz nah beisammen. Das ist es, was unser Leben ausmacht.

Und egal, ob gesund oder krank: Wünschen wir uns am Ende unseres Lebens nicht, die Höhen dieser Welt ausgekostet zu haben? Und wird ein Leben durch erlebte Tiefen nicht noch intensiver? Wir wollen doch alle am Ende auf unser Leben zurückblicken und sagen können: Ja, es war ein reiches Leben, wir haben es unmittelbar und ohne Furcht gelebt. Mit allem, was dazugehört.

Und so möchte ich jedem Mut machen: Das Leben ist zwar lebensgefährlich, aber lasst es uns gerade deswegen genießen.

BARBARA

Manchmal wundere ich mich, woher Markus immer wieder diese innere Kraft und Heiterkeit hernimmt. Gerade er, der damit zu kämpfen hat, oftmals wenig physische Stärke zu haben, der sich schnell schlapp fühlt auf eine Weise, die wir Gesunde uns überhaupt nicht vorstellen können.

Auch die Geduld und das Verständnis, das er den Menschen entgegenbringt, die sich an ihn wenden und ihm ihr Leid klagen, finde ich bewundernswert. Er versucht allen gerecht zu werden und nimmt die Menschen und ihre Anliegen ernst. Er interessiert sich einfach unglaublich für das Schicksal anderer und begegnet jedem mit dem größten Wohlwollen.

Von ihm habe ich gelernt, im Hier und Jetzt zu leben, jedenfalls gelingt es mir immer ein bisschen mehr. Und das gegenwärtige Glück, das so flüchtig ist und das man nicht mit Händen greifen oder gar festhalten kann, das lerne ich auch von Tag zu Tag mehr zu schätzen und als das zu nehmen, was es ist: ein glücklicher Moment.

Manchmal versuche ich die Zeit dann doch ein bisschen zu überlisten und mache in Gedanken so etwas Ähnliches wie einen inneren Screenshot, eine Fotografie in Gedanken, die ich ganz bewusst in einem mentalen Erinnerungsalbum abhefte. Für später. Für irgendwann. Für die Zeit, in der wir nicht mehr alle zusammen sein werden, wann immer das sein wird.

Da sind die Momentaufnahmen von Markus mit den Zwillingen, wie er mit ihnen über die Uferpromenade in Ligurien spaziert.

Markus mit den Mädchen im Sandkasten auf dem Spielplatz gleich hinter unserem Haus oder in Valbella beim Schlittenfahren und Im-Schnee-Spielen. Jeder dieser Augenblicke ist mir kostbar.

Forever is composed of many nows.

Im Hier und Jetzt zu leben – das schreibt sich so einfach nieder. So zu leben, bedeutet eine kleine Kunst für sich. Lebenskunst. Etwas, worin Markus schon fast ein Meister ist. Etwas, was uns allen guttäte. Würden wir unser Leben dankbarer betrachten, würden wir auch mehr Gründe finden, glücklich zu sein. Ich übe mich darin jeden Tag – mit größerem und kleinerem Erfolg.

Familientrubel

12

BARBARA

In einer Partnerschaft ist es so wichtig, darauf zu schauen, dass alle Beteiligten zu ihren Bedürfnissen kommen können. Und deswegen hatten wir schon vor der Schwangerschaft besprochen, dass ich nach der Geburt ein halbes Jahr lang zu Hause bleiben und danach wieder arbeiten gehen würde. Ich liebe meinen Beruf und bin gerne auf Station, und diesen Teil meines Lebens wollte ich auch als Mutter nicht missen.

Das war mein Wunsch, und doch fiel es mir anfangs keineswegs leicht, den Mikrokosmos unserer Familie zu verlassen. Auch ein kleines schlechtes Gewissen wollte sich bei mir einschleichen. Doch ich bin der Meinung: *happy mummy, happy children*. Und da ich mich gut genug kenne, um zu wissen, dass ich auf die Dauer daheim unausgeglichen wäre, beschloss ich, zu meinem Wunsch, maximal zu fünfzig Prozent berufstätig zu sein, zu stehen. Abgesehen davon sind wir auf mein Einkommen auch angewiesen.

Anfangs rannte ich trotzdem nach Dienstschluss sofort nach Hause, erfüllt von der Sehnsucht nach den Kleinen. Ich erlebte am eigenen Leib, wie tief die Verbundenheit mit den eigenen Kindern wirkt, sicherlich trägt das Stillen seinen Teil dazu bei.

Es ist eine Verbundenheit, die mit nichts anderem vergleichbar ist. Ich erlebte damit eine neue Dimension der Liebe, die sogenannte Mutterliebe, die sich ganz anders anfühlt als die Liebe zu meinem Mann. Dazu kommt der instinktive, starke Wunsch, den Kindern das absolut Beste zu geben. Dies mit meinem Wiedereinstieg in den Beruf zu verbinden, war nicht einfach.

Die sechs Monate daheim waren eine äußerst innige Zeit, denn Markus war ja, abgesehen von einem zweiwöchigen Spitalaufenthalt, viel zu Hause. Für meinen Wiedereinstieg in den Job bereitete ich alles genau vor, denn es war und ist weiterhin leider immer damit zu rechnen, dass Markus ins Spital muss, und auch dann muss die Versorgung der Kinder gesichert sein. Und ebenso wenig, wie Markus' Energie ausreicht, um arbeiten zu gehen, kann man ihm die Kinderbetreuung aufbürden.

Aus diesem Grund engagierten wir eine Nanny für die Tage, an denen ich arbeitete. Da ich bis heute auf eigenen Wunsch nur zu fünfzig Prozent beschäftigt bin, ergibt das eine schöne Mischung aus dienstfreien Tagen und solchen, an denen ich inzwischen wieder in meiner alten Position als stellvertretende Stationsleiterin im Spital arbeite.

Ich mag die Herausforderung, die diese Position an mich stellt, und Teamführung ist etwas, was mir liegt und Freude macht.

Als ich nach der Elternzeit meine Arbeit wieder aufnahm, musste ich mich jedoch erst an die neue Situation gewöhnen. Ich denke, keine Mutter lässt einfach zwei Kleinkinder von sechs Monaten zurück und geht zur Arbeit, ohne sie anfangs kräftig zu vermissen. Man fühlt sich hin- und hergerissen zwischen dem Wunsch, jeden neuen Entwicklungsschritt der Kleinen mitzubekommen und dem erfüllenden Gefühl, wieder berufstätig sein zu dürfen. Der Wiedereinstieg ins Berufsleben ist der Beginn einer neuen Lebensphase, mit Kindern ändert sich gefühlt sowieso ständig etwas. Ich habe so gelernt, noch flexibler zu sein als schon zuvor.

Ich erlebe die Zeiten mit den Mädchen umso erfüllter: Ich kann mich ganz auf sie konzentrieren und ihnen meine volle Aufmerksamkeit schenken.

Heute kann ich diese beiden Welten, in denen ich mich bewege, sehr gut voneinander trennen. Ich habe gelernt, wie wichtig es ist, meine Arbeit abzuschließen und dann ausgeglichen zu Hause anzukommen, ganz egal, wie hektisch es auf der Station zuging. Und selbstverständlich haben es auch unsere Patienten und meine Kollegen verdient, dass ich ausgeruht und gelassen auf die Station komme und die häuslichen Probleme hinter mir lasse.

Die Organisation unseres Haushalts einschließlich der Kinderbetreuung bedeutet nach wie vor eine logistische Herausforderung. Auch Nannys sind bekanntermaßen ganz normale Menschen, werden krank oder haben auch mal Urlaub. Zum Glück helfen unsere Eltern nach wie vor gerne aus oder holen im Ernstfall die Zwillinge zu sich nach Hause.

Wir hätten unsere Töchter auch in einer Kindertagesstätte unterbringen können, doch Markus' Ärzte rieten uns davon ab. Sie fürchten die Gefahr von vermehrten Infektionen, denn wo viele Kinder beisammen sind, breiten sich erfahrungsgemäß

Krankheitserreger leichter aus. Infektionen aber sind für Markus unter Umständen lebensgefährlich, und wenn ich von unseren Freunden höre, wie oft ihre Kinder krank sind, dann wird mir klar, dass es die richtige Entscheidung ist, unsere Zwillinge bis zum Kindergarten daheim zu haben. Dann sind sie etwas älter und ihr Immunsystem bereits stärker. Dennoch nutzen wir jede Gelegenheit, andere Kinder zu treffen: Ich bin mit den Kleinen viel mit Freundinnen und ihren Kindern unterwegs und sonntags sind die Mädchen während des Gottesdienstes immer im *baby world*, wie wir unseren Kindergottesdienst nennen.

Es war richtig, dass wir uns für Kinder entschieden haben. Natürlich könnte es immer Menschen geben, die meinen, dass wir uns damit zu viel zugemutet haben. Ich möchte meine zwei Lieblinge aber nie wieder missen. Zwar ist der Alltag mit ihnen nun viel turbulenter, doch ist alles eben eine Frage der Organisation.

Jedenfalls fast. Ein Rest Unsicherheit bleibt immer. Aber trifft das nicht auf jede Familie zu? Hat nicht jede Familie ihre persönlichen Herausforderungen und muss die Gegebenheiten und verschiedenen Wünsche aller Beteiligten unter einen Hut bringen? Ich liebe diesen Trubel. Bedeutet er doch, dass wir mit zwei munteren Töchtern gesegnet sind und unseren Traum von Familie leben dürfen.

MARKUS

Von meinen Eltern habe ich gelernt, das Beste aus dem zu machen, was ich habe. Meine Ressourcen so gut wie möglich zu nutzen und mich nicht mit Klagen darüber aufzuhalten, was ich alles nicht habe. Bei Licht betrachtet ist das bereits eine ganze Menge. Doch es bleibt uns selbst überlassen, ob wir sagen: Das Glas ist halb leer oder halb voll. Beides stimmt.

Ich halte mich lieber an das, was ich habe. Was nützt es, ständig über meine Defizite nachzugrübeln? Nichts. Es würde mich nur zu einem unglücklichen Menschen machen.

Dass ich einmal eine so wunderbare Familie haben würde, damit war nicht zu rechnen gewesen. Wir entschieden uns für Kinder, und als sie da waren, änderte sich mit einem Schlag alles – und zwar zum Positiven. Ich hätte nicht gedacht, dass das überhaupt noch möglich wäre, so glücklich war ich schon, als Barbara sich für ein Leben mit mir entschieden hatte.

Es ist einfach ein Wunder: Auf einmal sind sie da, die Kinder, und sie bleiben, so Gott will, ein Leben lang. Diese Entscheidung ist wirklich für immer, so wie es die Ehe natürlich auch sein sollte. Aber wenn zwei Menschen heiraten, dann schließen zwei Erwachsene zwar einen Bund, dennoch ist jeder ohne den anderen zur Not überlebensfähig.

Bekommt man Kinder, ist das eine vollkommen andere Geschichte. Denn als Vater sitzt dir das Gefühl tief in den Knochen, für dieses neue Leben Verantwortung zu tragen. Und genau so muss es auch sein.

Kinder sind Energiebündel und verlangen dir eine Menge ab. Ich genieße es unendlich, mit ihnen den ganzen Tag verbringen zu können, auf diese Weise habe ich zu meinen Kindern eine viel engere Bindung als so manch anderer Vater, der sie nur am Abend und an den Wochenenden sieht.

Glücklicherweise haben wir unser Familienleben so geregelt, dass ich mich jederzeit zurückziehen kann, wenn ich spüre, dass es mir zu sehr an die Substanz geht. Ich muss darauf achten, dass ich immer genügend Kraft für meinen Körper übrig habe. Barbara sorgt da in fantastischer Weise nicht nur für die Kinder, sondern auch für meine Bedürfnisse, und so ist immer jemand da, der sich um die Kleinen kümmert. Dennoch bleibt auch für mich natürlich ständig etwas zu tun übrig.

Meine Kinder aufwachsen zu sehen, das ist wunderschön. Gemeinsam mit ihnen erleben wir Erwachsenen die Welt wieder neu. Jeden Tag lernen sie etwas Neues dazu. Plötzlich lachen sie dich an, fangen an herumzukriechen, zu laufen, sprechen die ersten Worte.

Wir haben unglaubliches Glück mit unseren beiden Mädchen, die fast immer gut gelaunt sind. Wenn eines weint, geht das andere los und bringt dem Schwesterchen den Schnuller und das Nuscheli, wie wir in der Schweiz ein Kuscheltuch nennen.

Außerdem lerne ich so viel von den beiden. Sie lehren mich, wie unbeschwert das Leben im Grunde ist. Wenn sie hinfallen, dann tut ihnen etwas weh, sie weinen, doch kurze Zeit später ist alles wieder vergessen.

Ich staune jeden Tag über ihr vollkommen ungetrübtes Gemüt. Und ich liebe es, wie sie miteinander umgehen. Morgens kann man hören, wie sie einander von Bett zu Bett zurufen, man hört sie lachen, so unbeschwert, so herzlich. Von ihnen kann man lernen, was wirklich wichtig ist und was nicht. Eine Welt, in der man sich ständig auf Instagram postet und es eine Katastrophe ist, wenn keine hundert Likes dafür kommen, ist ihnen so fern wie der Mars. Sie stehen nicht unter dem ständigen Druck, sich möglichst gut zu präsentieren, zu prüfen, wie sie nach außen wirken und was sie tun müssen, um geliebt zu werden. Sie *sind* geliebt und lieben ganz selbstverständlich wieder. Sie sind noch völlig frei von allem Stress, machen sich noch nicht vom Urteil anderer abhängig. Alles, was zählt, ist, dass die Schwester da ist und Mama und Papa.

Natürlich gibt es auch anstrengende Momente, zum Beispiel wenn sie eine ihrer Trotzattacken haben. Solche Phasen müssen eben sein, das alles gehört zum Gesamtpaket Glück dazu.

BARBARA

O ja, Trotzköpfe können sie sein, unsere beiden Töchter. Aber das ist bei ihren Genen eigentlich auch kein Wunder. Markus und ich haben ja auch die Tendenz, manchmal mit dem Kopf durch die Wand zu wollen.

Seit ich Mutter bin, werde ich nie wieder das Verhalten einer anderen Mutter gegenüber ihrem Kind verurteilen, ganz egal, wie absurd die Situation gerade auf mich wirkt.

Denn inzwischen weiß ich, dass Außenstehende nur Momentaufnahmen eines oft langen, zermürbenden Prozesses mitbekommen. Ich habe mich schon in mancher Situation wiedergefunden, wo ich mich fragte: „Was denken nun wohl die anderen Mütter über mich? Die halten mich bestimmt für komplett überfordert mit der Erziehung!"

Am Spielplatz zum Beispiel: Wir haben zu dritt einen sehr schönen Nachmittag verbracht, die Sandkuchen fanden auch bei den anderen Kindern Anklang. Dann wird es Zeit nach Hause zu gehen.

Ich übe mich als vorbildliche Mutter und erkläre meinen Kindern fünfmal, dass wir nun endlich aufbrechen müssen. Jedes Mal klingt die Aufforderung dann etwas weniger geduldig.

Und beim sechsten Mal, tja, da sind dann leider alle guten Vorsätze vergessen. Anstatt mit zwei gut gelaunten Kindern nach Hause zu spazieren, schnappe ich mir eine links, eine rechts und unter lautem Protestgeschrei der beiden schubse ich mit den Füßen die beiden Puppenkinderwagen vor mir her.

Nicht wirklich ein glorreicher Abgang. Und für das Wohlergehen meines Rückens auch nicht sonderlich förderlich.

Langmut und Geduld sind mitunter eben eine Frage der Tagesform.

Im Familienchaos überlebt man nur mit einer Menge Humor und Selbstironie. Ich kann über solche Szenen herzlich lachen.

Nein, ich bin nicht perfekt. Und meine Erziehung ist es gewiss auch nicht. Aber geliebt sind sie, unsere Mädchen. Und Markus und ich tun alles dafür, dass sie das auch wissen und erfahren.

13
Verlass dich drauf

BARBARA

Ich werde oft gefragt, wie ich das alles überhaupt schaffe. Denn natürlich hängt viel, was andere Paare gemeinsam stemmen, an mir. Normalerweise macht mir das überhaupt nichts aus, ich habe eine Menge Energie und es macht mir Spaß, Dinge zu erledigen und den Alltag zu strukturieren.

Mitunter aber bin auch ich müde. Wenn wir zum Beispiel mit der ganzen Familie einen Ausflug unternommen haben und abends erschöpft nach Hause kommen, dann hängt es an mir, das Abendessen zuzubereiten und die Kinder zu füttern, zu duschen und fürs Bett fertig zu machen. Manchmal muss ich mir schon einen inneren Ruck geben.

Aber mehr auch nicht. Denn für Markus heißt es immer entweder – oder. Entweder er unternimmt etwas mit uns, wenn seine Kraft es zulässt, dann muss er am Abend seine Therapie machen. Oder er bleibt zu Hause und macht seine Therapie am späten Nachmittag, damit er dafür die Kinder ins Bett bringen kann.

Eines allerdings darf nicht passieren: Ich darf nicht krank werden. Und das geht schon bei einer Grippe los. Wir sagen manchmal, ich sei die unterste Karte eines Kartenhauses. Wenn ich flach liege, dann fällt das ganze Haus in sich zusammen. Dieser Punkt jagt mir leider bis heute Angst ein.

Was, wenn ich einmal nicht mehr kann? Was, wenn ich vor Markus sterben sollte? Man weiß ja nicht, wie die Zukunft aussieht. Jeder könnte durch einen unglücklichen Unfall aus dem Leben gerissen werden. Auch ich. Keiner weiß, ob er nicht plötzlich an einer lebensbedrohenden Krankheit leiden wird.

Ich bin selbst auf der Onkologiestation täglich mit dem Thema Krebs konfrontiert, und es sind beileibe nicht nur die betagten Menschen, die daran erkranken.

Nicht dass ich mich davon verrückt machen ließe, von Markus lerne ich mehr und mehr, emotional im Jetzt zu leben, dankbar zu sein für das, was ich habe. Doch nüchtern und vorausschauend, wie ich nun einmal bin, halte ich es für notwendig, für alle Eventualitäten vorzuplanen.

Wir wissen alle, dass Markus alleine die Kinder nicht betreuen könnte. Darum haben wir schon jetzt gemeinsam bestimmt, wo unsere Zwillinge aufwachsen würden, sollte mir etwas passieren. Das beruhigt mich und ist auch für Markus eine Erleichterung.

Dies ist meine Art, mit meinen Ängsten umzugehen: Wenn für solche Eventualitäten schon eine Lösung gefunden wurde, brauche ich mich nicht so sehr vor dem Schlimmsten zu fürchten. Es gibt Menschen, die gruselt es vor so viel Vorausdenken. Mir aber hilft es, die Gegenwart zu genießen.

Ja, ich mache mir häufig Sorgen, das liegt leider in meiner Natur. Ich bin eine Meisterin darin, den *worst case* in Gedanken durchzuspielen, um im Notfall darauf vorbereitet zu sein. Es ist eine lebenslange Lernaufgabe für mich, meine Kontrollmechanismen loszulassen und darauf zu vertrauen, dass Gott mir nur so viel zumutet, wie ich ertragen kann. Denn daran glaube ich.

Ich bin so froh um die Entscheidung, die Markus und ich getroffen haben. Die Entscheidung, uns lebenslang lieben zu wollen.

Ich habe eingangs beschrieben, wie schwer ich mich damit tat. Im Nachhinein finde ich, dass ich damals recht hatte. Damit, dass man eine so weitreichende Entscheidung nicht auf der Basis von romantischen Gefühlen treffen darf, und auch damit, dass Liebe etwas ist, was ein gutes Fundament braucht, darauf wachsen muss und oftmals im Alltag eine Frage des festen Willens zueinander ist. Romantik ist schön und gut, doch als Basis für das tägliche Leben taugt sie wenig.

Im Alltag ist es, vor allem wenn man Kinder hat, nicht die Verliebtheit, die einen zusammenhält. Sondern die Liebe, die aus der Verliebtheit herangewachsen ist.

MARKUS

Barbara ist der Motor, der unser gemeinsames Alltagsleben am Laufen hält. Wenn ich sie brauche, ist sie da. Umgekehrt ist das natürlich auch der Fall, aber Tatsache ist eben, dass ich derjenige bin, der die gesundheitlichen Probleme hat. Und die Folgen, die sich daraus ergeben, die müssen wir gemeinsam tragen.

Es ist oftmals nicht leicht für mich, untätig darauf zu warten, dass meine Kräfte zurückkehren, während meine Frau wirbelt und den Alltag meistert.

Ich denke, es gibt nicht viele Frauen, die das auf sich genommen haben, was Barbara schultert. Die meisten hätten sicherlich einfachere Wege gewählt. Auch wenn jede Beziehung eine Herausforderung ist, so ist Barbaras Entscheidung eine für den schwierigen Weg.

Sicherlich weiß man nie, was dem Partner, der bei der Hochzeit noch gesund ist, während der Ehe passieren kann. Bei uns lagen wenigstens die Fakten von Anfang an auf dem Tisch. Und obwohl es für mich eine schwierige Zeit war, so bin ich doch froh, dass Barbara es sich so lange überlegt hat. Sie hat sich für mich entschieden. Und ihr Ja zu uns gibt mir Sicherheit.

Ich habe es längst aufgegeben, zu fragen, warum ich diese Krankheit habe, und ich bin Optimist: Was soll ich mein Leben in Angst verbringen vor dem, was kommen kann? Ich will vielmehr fragen, wozu es gut sein kann, dass ich krank bin. Was kann ich bewirken? Wo liegt meine Aufgabe?

Ich sehe mich als Botschafter zwischen der Welt der Gesunden und der Kranken, die so getrennt auch gar nicht ist. Nur gibt es auch Gesunde, die gerne wegschauen, weil sie zu große Angst haben, selbst krank zu werden, die sich mit der Schwere des Lebens nicht auseinandersetzen wollen.

Leider ist es immer noch nicht selbstverständlich, dass kranke Menschen und solche mit Behinderung gleichwertig mit gesunden Menschen angesehen werden. In den vergangenen Jahrzehnten wurden zwar Fortschritte erreicht, aber noch nicht genug.

Meistens ist es bei Krankheiten so, dass ein Sinn möglicherweise schlechter ausgebildet ist, dafür jedoch ein anderer umso mehr. In der Geschichte gibt es viele faszinierende Beispiele im Bereich der Kunst, der Literatur und der Musik.

Beethoven hat mit fortschreitender Taubheit viele Meisterwerke komponiert.

Van Gogh malte in Zeiten seines größten Leidens die heute wertvollsten Bilder und Pablo Picasso litt unter Depressionen.

Und darum sage ich: Wenn man Menschen mit Handicaps ausschließt, wird der Gesellschaft etwas vorenthalten, ja, gestohlen. Wo entsteht gesellschaftlicher Fortschritt, wenn alle sagen: Ich bin mir selbst der Nächste und alles andere interessiert mich nicht?

Häufig stellt sich bei chronisch Kranken über die Jahre ein diffuses, oft schwer zu fassendes Gefühl der Schuld ein: Man fühlt sich schuldig, den anderen zur Last zu fallen. Schuldig an seinem Körper. Schuldig, mit diesem Defekt auf der Welt herumzugehen. Schuldig, den nahestehenden Menschen Kummer zu bereiten. Schuldig, dem Sozialstaat auf der Tasche zu liegen.

Das war auch der verborgene Grund, warum ich vor unserer Ehe Barbara gegenüber einiges, was mit meiner Krankheit zu tun hat, verheimlichte. Ich tat das nicht aus Berechnung, sondern aus Scham und der Angst heraus, nicht liebenswert zu sein. Und so wie mir geht es, denke ich, vielen Kranken.

Ich will mich schon lange nicht mehr verstecken. Auch nicht zur Schau stellen, aber meine Geschichte mit Barbara hat mir gezeigt, dass es für die anderen viel leichter ist, wenn sie wissen, was mit mir los ist.

Seit ich es schaffe, offen mit der Krankheit umzugehen und das Beste daraus zu machen, geht es mir auch körperlich besser. So als wollte mein Körper es mir danken, dass ich zu ihm stehe und mich seiner nicht mehr schäme. Und wenn ich außerdem so viel Verständnis in meinem Umfeld erlebe, dann ist ohnehin alles viel einfacher.

Wenn ich weiß: Sollte ich morgen ins Spital müssen, dann ist der Alltag bereits organisiert, auch was die Bedürfnisse der Kinder anbelangt, dann bedeutet das eine enorme Erleichterung für mich. Und mit dieser Sicherheit im Rücken geht es mir viel besser.

Der Knackpunkt ist der eigene Umgang mit mir selber, denn der überträgt sich nach außen. Bin ich selbst voller Unsicherheit, verunsichert das auch mein Umfeld. Wenn ich vermittle, dass ich genau weiß, wie ich mit meiner Krankheit umgehen muss, dann können die anderen aufatmen und sich entspannen.

BARBARA

Markus' Krankheit ist längst Teil meiner eigenen Geschichte geworden. Hinterfragt habe ich unsere Beziehung unter dem Vorzeichen der Krankheit, bevor ich Ja zu unserer Beziehung sagte. Nach unserer Heirat tat ich das nie wieder.

Das heißt nicht, dass die Erkrankung für uns beide nicht hart sein kann. Schwierig wird es zum Beispiel, wenn ich mitbekomme, wie sehr er leidet. Mit den körperlichen Symptomen kann ich eher umgehen, schließlich bin ich Pflegefachfrau.

Im Spital bin ich in der Rolle der Macherin, ich weiß genau, was bei welchem Leiden zu tun ist. Im Medikamentenschrank befindet sich die Lösung für fast jedes Problem. Bei Markus bin ich allerdings nicht die Behandelnde, und wenn er einmal mit unerwarteten und völlig neuen Nebenwirkungen auf eines seiner vielen Antibiotika reagiert, dann steht mir zu Hause auch nicht der Medikamentenschrank zur Verfügung. Ich kann dann nicht einfach Blut abnehmen und auf die Laborergebnisse warten.

Dann fällt es mir schwer, ihn im Spital loszulassen, danebenzustehen und abzuwarten, was die behandelnden Ärzte als Therapie unternehmen. Ich bin es gewohnt, Probleme zu lösen. Ich kann die passive Rolle kaum aushalten, auch wenn ich weiß, dass er bei seinen Ärzten in besten Händen ist.

Interessanterweise geraten wir häufig genau dann in Streit, wenn Markus wieder einmal schlechte Werte hat und eine intravenöse Antibiotikakur im Spital bevorsteht. Das sind die Momente, in denen wir beide unter extremem inneren und äußeren Stress stehen. Markus ist frustriert, und ich bin es auch. Wenn wir nicht aufpassen, lassen wir den Frust dann aneinander aus. So kann der nichtigste Anlass wieder einmal, so wie früher, einen Streit entzünden.

Seit wir das durchschaut haben, versuchen wir, einander dort abzuholen, wo der andere gerade steht.

Wir lernen, uns in den anderen hineinzuversetzen und die aktuelle Situation mit einzubeziehen, statt uns gleich gekränkt zu fühlen, heftig zu reagieren oder uns beleidigt zurückzuziehen. Leider bin nach wie vor ich diejenige, die häufig aufbrausend reagiert. Statt darauf empört zu reagieren, versteht Markus nun besser, dass es eigentlich gar nichts mit ihm zu tun hat, sondern vielmehr mit der Situation, mit der ich nur schwer klarkomme.

Aber das alles muss man erst einmal durchschauen. Im Nachhinein ist das meistens einfacher. Die Bereitschaft, aus solchen Erfahrungen zu lernen, um es beim nächsten Mal besser zu machen – auch das ist ein Ausdruck von Liebe.

Besonders schwer fällt es mir, es auszuhalten, wenn Markus psychisch leidet, und selbstverständlich kommt das bei dieser chronischen Krankheit vor, wenn es ihm einmal wieder über längere Zeit schlecht geht. Wenn er Schmerzen hat. Und vor allem, wenn ihm die Kraft für alles fehlt. Das wirkt auch auf einen durch und durch optimistischen Menschen, wie Markus einer ist, niederschmetternd.

Das Schwierige daran ist, dass ich ihm nicht wirklich helfen kann. Meine Liebe zu ihm ist da, das weiß und fühlt er. Aber es gibt Zeiten, da ist der Leidensdruck einfach größer als jede Geduld und jeder Trost. Dann fühle ich mich hilf- und machtlos.

Wir suchen dann gemeinsam nach Strategien, wie er sich wieder aufrichten kann. Bewegung ist zum Beispiel eine ganz gute Möglichkeit, die Gedanken freizukriegen. Doch das funktioniert nur, solange er genügend Kraft hat. Und gerade in schwierigen Krankheitsphasen ist er doch zu schwach, um sich auf den Beinen zu halten.

Ich bewundere Markus unendlich dafür, wie er sich doch jedes Mal wieder aufrichtet. Eine große Stütze ist ihm da sein Glaube und das unendliche Vertrauen in Gott, und in dieser Hinsicht ist er mir ein Vorbild.

14

Mit der Arbeit kommt das Vergnügen

BARBARA

Nein, auch bei uns ist in der Beziehung nicht immer heile Welt. Aber ich weiß auch, dass wir damit nicht alleine dastehen. Dass eigentlich alle Paare sich im Alltag mit den banalsten und doch sehr herausfordernden Problemen konfrontiert sehen. Auch ohne Krankheit. Es gibt immer Phasen, in denen es gut läuft, aber auch genauso viele andere, in denen man um die Beziehung kämpfen und an sich selbst arbeiten muss.

Dann ist es wichtig, sich bewusst Zeit zu nehmen, um sich gegenseitig wiederzufinden. Solange man bereit ist, an der Beziehung und der Liebe zu arbeiten, ist alles gut. Schwierig wird es, wenn es anfängt, einem egal zu sein. Zunächst scheint es der einfachere Weg zu sein, die komplizierten Dinge nicht anzusprechen, sondern einfach über sie hinwegzugehen. Aber genau dann, wenn Konflikte zum *status quo* werden, sollten die Alarmglocken läuten.

Es tut mir immer sehr weh, wenn ich sehe, dass Beziehungen nach mehreren Jahren in die Brüche gehen. Ich frage mich dann immer, was ist mit dem Fundament passiert, was ja offenbar ein paar Jahre gehalten hat. Wäre da nicht genug Gemeinsamkeit gewesen, um eine glückliche Beziehung zu führen? Wenn eine Beziehung in Scherben endet, glaube ich, dass einer oder beide nicht mehr bereit waren, an ihrer Beziehung zu arbeiten. Sie haben den widerstandsloseren Weg gewählt und sind auseinandergedriftet.

Oft hört man als Scheidungsgrund: „Weißt du, wir haben uns auseinandergelebt."

Ich will auf keinen Fall urteilen und oftmals kenne ich ja nicht alle Umstände. Aber weil ich an meiner Beziehung erleben darf, wie viel möglich ist, wenn beide bereit sind, sich von Gott verändern zu lassen und Schritte aufeinander zu zu machen, dann finde ich das einfach traurig. In unserem Fall würde ich das Gegenteil sagen: „Weißt du, wir haben uns *zueinander*gelebt."

Natürlich sind wir noch lange nicht am Ziel. Bei uns gibt es noch ziemlich viel Luft nach oben …

Unsere Beziehung kennt auch Durststrecken. Meistens dann, wenn Stress dominiert und Zweisamkeit verhindert. Manchmal überholt uns der Alltag, vereinnahmt uns. Dann rennen wir von der Arbeit zur Kirche, schlittern von einer Familienfeier zu Behördengängen. In all dem Trubel unser „Wir" nicht zu vergessen, fällt manchmal schwer. Nach solch einer Phase kamen wir zu dem Schluss, dass wir die gegenseitige Nähe pflegen, uns um sie bemühen und manchmal sogar bewusst herbeiführen müssen. Manche Momente entstehen spontan, wie beispielsweise kurz vor dem Einschlafen, wenn alles getan ist und wir, nachdem das Licht gelöscht ist, uns noch in lange Gespräche vertiefen. Aber genauso braucht es auch immer wieder geplante Momente, damit wir uns nicht unbemerkt mehr und mehr abhandenkommen.

Tatsächlich fühle ich mich Markus am nächsten, wenn ich

mich von ihm verstanden fühle. Dagegen macht es mich unglücklich, wenn ich versuche, ihm mein Herz zu öffnen, und er macht einen Witz über das, was mich wirklich beschäftigt. Dann fühle ich mich unverstanden, weil ich merke, dass er nicht realisiert, wie ernst es mir gerade ist.

Wenn ich ihm etwas zu erklären versuche, worüber ich mich ärgere oder was mich verletzt hat, kann ich es kaum ertragen, wenn er mich zusätzlich noch aufzieht.

Dabei ist es manchmal gerade der humorvolle Blick auf ein Ärgernis, der es am besten auflösen könnte. Aber in solchen Situationen fällt es mir schwer, das zu erkennen und mit ihm zu lachen. Das gelingt mir dann vielleicht später. Zunächst jedoch möchte ich von ihm ernst genommen werden.

Oftmals ist es für Paare hart, sich in all den Aufgaben und im Alltag die Liebe zu erhalten. Warum ist das so?

Ich glaube, viele Missstimmungen entstehen, wenn man unausgesprochene Erwartungen an den anderen hat. So wie ich lange nicht damit klarkam, dass Markus bestimmte Leistungen einfach nicht erbringen kann. Ich legte völlig falsche Maßstäbe bei ihm an, die für andere Menschen zwar passen würden, für ihn aber nicht.

Enttäuschte Erwartungen können, wenn man über sie nicht spricht, dafür sorgen, dass man den Partner mit der Zeit weniger wertschätzt, als er es eigentlich verdient hat.

Es ist nicht einfach, diese alten Muster aufzugeben. Noch heute ertappe ich mich in Stresssituationen dabei, dass ich ungeduldig denke: „Wieso schafft er denn nicht einmal *das*?!"

Ein Beispiel: Vor unserem letzten Urlaub hatte Markus genau vier Dinge auf seiner To-do-Liste stehen. Auto putzen (Innenraum), Auto putzen (außen), Auto tanken, zum Recyclinghof fahren. Nun ging es ihm an dem Tag nicht gut, sodass ich, als ich abends heimkam, zwar ein vollgetanktes und von außen glänzendes Auto vorfand, sich im Auto allerdings immer noch die Pappkartons stapelten.

Das hat mich, nach meinem voll durchgetakteten Tag, ziemlich frustriert. Ich musste tief durchatmen, um nicht wie ein Vulkan zu explodieren. Denn ich weiß doch eigentlich, wie unsinnig und ungerecht solche Gedanken sind.

MARKUS

Auch ich habe solche Muster. Wenn mich Barbara zum Beispiel innerhalb einer kurzen Zeitspanne mehrmals hintereinander kritisiert, dann kann es leicht passieren, dass mir der Kragen platzt.

„Du hast immer etwas an mir auszusetzen", kontere ich dann mitunter oder halte ihr vor: „Nichts kann ich dir recht machen."

Was natürlich ungerecht ist. Denn meistens hat sie sogar recht mit ihrer Kritik und sie bringt mich weiter. Aber da eine meiner Liebessprachen die Anerkennung und das Lob ist, reagiere ich einfach empfindlicher. Dann muss ich mir immer wieder ins

Bewusstsein rufen, dass Barbara es gut mit mir meint, dass sie mir meine Fehler aus Liebe aufzeigen will. Und dass sie es nicht böse meint, selbst wenn sie mich vielleicht gerade angefahren hat.

Bemerkenswert finde ich, wie souverän sie selbst mit Kritik umgeht. Sie hört sich alles an, doch wenn sie findet, dass die Kritik nicht zutreffend ist, dann kann sie sich zwar kurz darüber ärgern. Dann aber perlt das einfach an ihr ab. Bewundernswert!

Mir ist natürlich klar, warum es mir schwerer fällt, mit Kritik umzugehen. Sie schlägt meistens in eine Kerbe, die ich mir selbst schon beigebracht habe. Es ist alles andere als einfach, in gesundheitlich schwierigen Phasen wochenlang untätig zu sein und sich selbst trotzdem toll zu finden. Streng genommen ist das fast nicht möglich.

Wenn dann noch von außen die Bestätigung kommt, dass ich „zu nichts nutze" bin, ist das mehr als nur die Korrektur einer Verhaltensweise oder einer Aktion. Das geht an die Substanz. Auch wenn es so gar nicht gemeint ist.

Oft komme ich mir vor wie ein Schneeräumfahrzeug: Immer schiebe ich einen Haufen von Dingen vor mir her. Ich mache mir häufig Listen mit Dingen, die ich noch erledigen will. Doch dann kommen regelmäßig Zeiten, in denen ich nicht das machen kann, was ich möchte, und so wird die Liste immer länger. Und irgendwann muss ich bestimmte Dinge ausstreichen, weil sie entweder nicht mehr relevant sind oder weil ich einfach Prioritäten setzen muss.

Die meisten Menschen müssen das im Alter lernen, wenn sie siebzig oder achtzig Jahre alt werden, je nach Verfassung. Sie müssen loslassen und einsehen, dass sie viele Dinge einfach nicht mehr schaffen. Bei mir ist das jetzt schon der Fall.

Neulich schrieb mir ein Freund, der aufgrund einer plötzlichen Hirnblutung nicht mehr richtig laufen kann. „Es ist verrückt! Fünfundzwanzig Jahre lang war ich niemals glücklich darüber, laufen zu können. Und jetzt, wo es nicht mehr geht, weiß ich erst, was ich hatte."

So ist es ja oft. Wir leben auf der Überholspur des Lebens am Leben vorbei. Wie schade das doch ist.

Für einen gesunden Menschen, der mit einem Kranken zusammenlebt, so wie Barbara mit mir, kann meine Perspektive durchaus eine Bereicherung sein. Wir lernen voneinander, auch wenn es für Barbara nicht leicht ist, aus dem schnellen Rhythmus des Alltags, wo es immer jede Menge zu tun gibt, in meinen oftmals aufgrund der Krankheit verlangsamten Modus zu wechseln. Ich finde es andersherum aber auch wichtig, dass Barbara weiter herumwirbeln kann und ihre Energie nutzt – zum Beispiel auf einer Reise ohne mich. Wir müssen uns beide Freiräume schaffen.

Uns im Alltag aufeinander einzustellen, braucht Geduld, mit sich und dem anderen. Es braucht die berühmte biblische Langmut, ein Wort, das fast aus unserem Sprachgebrauch verschwunden ist, warum auch immer. Ich mag dieses Wort, denn es drückt genau das aus, wovon ich tagtäglich eine große Portion brauche: Mut über eine lange Zeit hinweg, langen Mut.

Es bedeutet, den Mut nicht zu verlieren, unter keinen Umständen. Inzwischen ist mir klar geworden, dass das für alle Paare gilt, die auf lange Frist eine lebendige, glückliche Beziehung miteinander führen wollen.

Es gibt viele Aspekte, die für eine glückliche Partnerschaft wichtig sind. Geduld und Offenheit natürlich. Und Dankbarkeit. Humor.

Eine weitere zentrale Sache ist aber auch die Fähigkeit und Bereitschaft, einander zu verzeihen, gerade wenn wir uns mal wieder Kritik an den Kopf werfen. Da mag sie noch so konstruktiv sein.

Ja, ohne Vergebung ist meiner Erfahrung nach eine gute Beziehung nicht möglich. Und sie schenkt einem immer wieder eine enorme Freiheit, denn wenn ich verzeihe und selbst Vergebung erfahre, muss ich nicht den Ballast einer Schuld mit mir durchs Leben schleppen.

Im christlichen Glauben hat die Vergebung einen hohen Stellenwert. Im Matthäusevangelium antwortet Jesus auf Petrus' Frage, ob es ausreiche, seinem Bruder sieben Mal am Tag zu verzeihen: *Nicht sieben Mal, sondern siebzig mal sieben Mal.*

Mit anderen Worten: So oft es einfach notwendig ist, ohne Begrenzung nach oben.

Ich persönlich empfinde es als unglaublich beglückend und befreiend, wenn ich mich bewusst dazu entscheide, jemandem einen Fehler zu verzeihen, selbst wenn der das gar nicht erfährt.

Ich mache mich dann frei von dieser unguten Situation, wie durch ein göttliches Wunder löst sich mein Ärger oder meine Verletztheit nach und nach auf, manchmal vielleicht erst mit Verspätung, aber es funktioniert immer.

Denn wenn man die Vergebung nicht lebt, dann sammeln sich immer mehr Ärgernisse und negative Gefühle an. Die inneren Belastungen häufen sich und wirken wie eine innere Bremse. Immer wieder wandern unsere Gedanken voller Vorwürfe zu der Person, die uns unrecht getan hat, und die schlechten Gedanken ziehen immer neuen Ärger nach sich.

Statt dem Wunsch auf Rache nachzugeben und zurückzuschlagen, ist es viel gesünder für sich selbst, mit einer Entschuldigung den Dampf rauszulassen. Vielleicht sogar dann, wenn man sich gar nicht schuldig fühlt. In einem Streit gibt es immer etwas, wofür man sich entschuldigen kann. Aber wenn sich der andere wirklich verletzt fühlt, dann kommt es letztlich auch gar nicht darauf an, wer im Recht ist.

Seinen Stolz zu überwinden und zu sagen: „Es tut mir leid, das wollte ich nicht", tut nicht weh und kann den anderen von irgendeiner Verletzung heilen, egal, wer sie ihm zugefügt hat. Ob meine Worte möglicherweise eine alte Wunde aufgerissen haben, von der ich nichts ahnen konnte? Wer weiß das schon. Ich finde, es ist immer schade, wenn zwischen Menschen ungelöste Konflikte schwelen und zu Leid und Traurigkeit führen.

Barbara und ich versuchen bewusst, es niemals so weit kommen zu lassen und immer alles miteinander zu besprechen. Wir haben eine Art Vergebungsritual entwickelt: Zuerst besprechen wir alles miteinander, sprechen uns quasi aus. Wenn alles gesagt ist, kommt ein: „Ich vergebe dir. Vergibst du mir auch?" Dabei kommt es nicht darauf an, was genau man einander vergibt. Wir sind schließlich keine Buchhalter der gegenseitigen Fehler.

In der Liebe haben weder Trotz noch Rachegelüste etwas zu suchen. Es gibt wundervolle Bibelstellen über die Liebe, und eine der schönsten und treffendsten ist sicherlich das Hohelied der Liebe aus dem 1. Korintherbrief in Kapitel 13:

> Liebe ist geduldig und freundlich. Sie ist nicht verbissen, sie prahlt nicht und schaut nicht auf andere herab.
> Liebe verletzt nicht den Anstand und sucht nicht den eigenen Vorteil, sie lässt sich nicht reizen und ist nicht nachtragend. Sie freut sich nicht am Unrecht, sondern freut sich, wenn die Wahrheit siegt.
> Liebe nimmt alles auf sich, sie verliert nie den Glauben oder die Hoffnung und hält durch bis zum Ende.
> Die Liebe wird niemals vergehen.

Vielen von uns sind diese Verse wohlbekannt. Doch liest man sie einmal, als wäre es das allererste Mal, dann stellt man fest, dass sie eigentlich die beste Gebrauchsanweisung für eine gute Ehe sind. Schafft man es wirklich, zu befolgen, was da steht, dann kann einem eigentlich nicht mehr viel passieren.

Aber ich möchte noch einen Schritt weitergehen. Nicht nur beim geliebten Partner sollte dieses Verständnis von Liebe gelten, sondern im Umgang mit jedem Menschen.

Wie wunderbar sähe unsere Welt aus, würde jeder Einzelne das beherzigen?

BARBARA

Wir haben noch eine weitere Regel, die wir in unserer Familienvision festgehalten haben: *Lasst die Sonne nicht untergehen, ohne dass ihr einander vergeben habt* (Epheser 4,26).

Ich gebe gerne zu, dass es mich manchmal viel Überwindung kostet, zu Markus zu gehen und mich zu entschuldigen. Oftmals finde ich im Stillen, eigentlich sollte er sich nun entschuldigen, denn an einem Streit sind immer beide beteiligt. Aber die Demut zu wagen, nicht darauf zu warten, dass der andere den ersten Schritt tut, selbst wenn man im Grunde seines Herzens der Meinung ist, dass er es war, der angefangen hat, das ist es, was Liebende tun sollten.

Denn nichts öffnet so stark eine verfahrene Situation, wie eine ehrlich gemeinte Entschuldigung. Der Kreislauf von gegenseitigen Beschuldigungen und Vorwürfen wird unterbrochen und es entsteht auf einmal Raum für etwas Neues. In diesem Raum kann die Liebe füreinander wieder spürbar werden.

Das ist oft nicht einfach. Verzeihen ist ein Prozess. Entschuldigt sich Markus bei mir, dann sind meine Gefühle meist noch viel zu aufgebracht, mein Stolz meldet sich und findet, dass ich noch eine Weile schmollen sollte. Die Emotionen brauchen meistens eine Weile, bis sie der Vernunft hinterherkommen.

Eine wichtige Erkenntnis für mich ist: Man muss sich nicht danach fühlen, wenn man vergibt. Es ist eine bewusste Entscheidung, eine Entschuldigung anzunehmen und zu verzeihen. Danach beruhigen sich die Gefühle viel leichter. Sie erinnern sich an die Liebe, die ich für Markus empfinde, und wandeln sich nach und nach. Manchmal braucht das länger, manchmal geht es schneller, bis man nicht nur vergeben, sondern auch vergessen kann.

Und eigentlich gibt es nie einen Grund, einem anderen Menschen nicht zu vergeben. Es gibt berührende Beispiele von Eltern, die sogar dem Mörder ihres Kindes verziehen haben. Oft um des eigenen Friedens willen. Ob derjenige, dem vergeben wird, Frieden finden kann, das hat er schlussendlich selbst in der Hand, und das wird sicher erst dann der Fall sein, wenn er sich selbst vergeben kann.

Ist man Eltern geworden, wird man außerdem großzügiger. Wer will schon, dass seine Kinder in einer Atmosphäre aus Streit und Groll aufwachsen? Ein Blick in die Gesichter der Kleinen, und das Herz wird weich. Schließlich wollen wir sie im Geiste unserer christlichen Werte erziehen. Das ist nur möglich, indem wir ihnen diese auch glaubhaft vorleben.

Kinder haben ein untrügliches Gespür für die feinsten atmosphärischen Stimmungen. In ihnen spiegelt sich ganz unmittelbar alles, was wir ihnen zeigen. Es lohnt sich also, an sich zu arbeiten, und zu einem guten Beispiel zu werden. Auch dies ist ein Weg, um sich immer wieder auf das zu besinnen, was wirklich wesentlich ist.

Ja, Beziehung ist Arbeit. Sie bedeutet, jeden Tag aufs Neue Schritte aufeinander zu zu machen. In einer Beziehung erleben wir, wie unser Partner sich weiterentwickelt, verändert. Um das mitzubekommen, müssen wir im Austausch miteinander bleiben.

Da wir mit den Kindern wenig weggehen können, bauen wir uns inzwischen ganz bewusst *quality time* zu Hause ein. Dann genießen wir die Zeit zusammen, werfen den Grill an, schauen einen Film, machen Popcorn.

Oder wir laden Freunde ein. Es macht uns Spaß, Gastgeber zu sein.

Wächst man in einem Restaurant auf, ist man daran gewöhnt, dass die Welt zu einem kommt, und das fand ich schon als Kind aufregend und spannend. In der Familie meines Mannes wird die Kultur der Gastfreundschaft ebenso ganz groß geschrieben, die Kinder durften ihre Freunde jederzeit mitbringen, und oftmals legte meine Schwiegermutter noch ein paar Gedecke zum Mittag- oder Abendessen zusätzlich auf.

Alles, was wir tun, mit Qualität zu erfüllen, keine Zeiten oder Verpflichtungen als Zeitverschwendung zu betrachten, das ist meiner Meinung nach eines der wichtigsten Geheimnisse eines glücklichen Lebens. Das Leben ist mir einfach zu wertvoll, um es dauerhaft schlecht gelaunt oder ohne Wertschätzung zu verbringen.

15

Am Ende steht die Liebe

BARBARA

Wir Menschen haben die wundersame Gabe, in mehreren Realitäten gleichzeitig zu leben. Im Hier und Jetzt bereiten wir gemeinsam das Abendessen zu, trösten unser Kind, wenn es hingefallen ist, machen Pläne für den nächsten Urlaub. Gleichzeitig wissen wir aber um unsere Endlichkeit, wir wissen, dass wir nicht ewig auf dieser Erde leben und dass eines Tages der Abschied da sein wird.

Das ist bei allen Menschen gleich. Bei uns ist es aber so, dass dieser Abschied, ganz realistisch gesehen unter Berücksichtigung der Statistiken, früher zu erwarten ist als bei vielen anderen Paaren.

Markus hat bereits das Hohelied der Liebe aus dem 1. Korintherbrief zitiert. Es endet mit den Sätzen:

Jetzt sehen wir nur ein undeutliches Bild wie in einem trüben Spiegel. Einmal aber werden wir Gott von Angesicht zu Angesicht sehen. Jetzt erkenne ich nur Bruchstücke, doch einmal werde ich alles klar erkennen, so deutlich, wie Gott mich jetzt schon kennt.

Was bleibt, sind Glaube, Hoffnung und Liebe. Von diesen dreien aber ist die Liebe das Größte.

Und tatsächlich trifft das für uns ganz besonders zu. Wir leben unseren Glauben und unsere Liebe und hoffen darauf, dass es uns vergönnt sein mag, noch lange zusammen sein zu dürfen. Wir vertrauen darauf, dass alles, was passiert, richtig ist.

Nach unserem Ligurienurlaub im Frühjahr, in dem es Markus gesundheitlich nicht gut ging, warteten wir ab, ob sich sein Zustand wieder von selbst stabilisieren würde. Doch als es ihm nach weiteren zehn Tagen immer noch nicht besser ging, entschieden wir uns, mit der intravenösen Antibiotikakur zu beginnen. Dazu sollte er zwei verschiedene Antibiotika hoch dosiert direkt in die Venen erhalten.

Da Markus in einem relativ guten Zustand war, beschloss das Ärzteteam gemeinsam mit uns, dass er die Kur daheim durchführen sollte. Gleich am Tag nach der Kontrolluntersuchung erhielten wir die Medikamente und ich installierte die Infusionen.

In den ersten Tagen ging es Markus noch gut. Er war zwar müde, aber das war angesichts der starken Medikation und des Infekts normal. Doch in den folgenden zehn Tagen wurde Markus' Zustand langsam, aber sicher immer schlechter. Sein Husten nahm zu und seine Kraft schwand. Ja, manchmal reichte sie nicht einmal mehr aus, um sich mit mir und den Kindern zum Essen an den Tisch zu setzen.

Ich erlebte mit, wie es ihm immer schlechter ging. Und wie es seine Art ist in dieser Situation, zog er sich immer mehr in sich selbst zurück. Zuzusehen, wie er leidet, war für mich fürchterlich. Ich unterstützte ihn mit allem, was zu Hause medizinisch möglich war, und gab ihm unter anderem Infusionen. Schließlich war es nicht mehr tragbar, die Kur zu Hause fortzusetzen.

Es war an einem Freitag. Markus bekam hohes Fieber, und

so brachte ich ihn auf die Notfallstation des benachbarten Spitals. Dort wusste ich, dass er gut aufgehoben war und dass man dort alles tun würde, um ihm zu helfen.

Das zu wissen, war für mich eine Erleichterung.

Die Ärzte erkannten, dass der Infekt auch nach zehn Tagen noch nicht abgeklungen war. Im Gegenteil waren die Werte innerhalb von zwei Tagen auf das Dreifache gestiegen. Ich bekam eine fürchterliche Angst, denn dies war wirklich ein völlig untypischer Verlauf.

Was hatte das zu bedeuten? Normalerweise schlugen die Medikamente spätestens in der zweiten Behandlungswoche an. Dieses Mal wirkten sie nicht. „Was", so fragte ich mich, „wenn eines Tages die Wirkung komplett ausbleibt und Markus' Gesamtzustand sich stark verschlechtert oder er möglicherweise an einem unkontrollierten Infekt verstirbt?"

Meine Sorge um ihn war riesengroß.

Im Labor wurde untersucht, ob die Bakterien, die sich in Markus' Lunge angesiedelt hatten, überhaupt noch sensibel gegen jene Antibiotika waren, die ihm verabreicht wurden, oder ob sie inzwischen resistent gegen sie geworden waren. Das Ergebnis zeigte, dass sie durchaus noch auf das Medikament reagierten. Doch das Problem war, dass sich der Infekt genau dort befand, wo seine Lunge stark vernarbt ist. Dadurch war dieser Teil der Lunge schlecht durchblutet und schwer erreichbar für die Antibiotika. Außerdem kommt es bei einem Infekt immer auch zu einer Flüssigkeitsansammlung im Gewebe, sodass die Antibiotika noch schlechter vom Blutgefäß zu der infizierten Stelle gelangen können.

Die Antibiotika konnten so nur schlecht an die Infektionsherde gelangen und entsprechend ihre Wirkung nicht entfalten.

Die Ärzte beschlossen, andere Antibiotika auszuprobieren und Markus zusätzlich hoch dosiertes Kortison zu verabreichen, um die Wirkung der Antibiotika zu unterstützen. Schon drei Tage danach ging es Markus erheblich besser und inzwischen haben wir das Kortison auch wieder ganz abgesetzt.

Es war nach langer Zeit das erste Mal, dass ich mich ernsthaft mit der Frage konfrontiert sah, was wäre, wenn Markus nicht mehr da sein würde.

Wird mir dann mein Glaube helfen?

Das hoffe ich sehr. Allerdings weiß ich, dass der Schmerz trotzdem nicht geringer, und dass die Lücke, die er dann reißt, riesig sein wird.

Auch für die Kinder, die ihren Papa verlieren würden, wäre es fürchterlich. Je älter sie werden, desto mehr nehmen sie auf und begreifen, dass etwas nicht stimmt. Während Markus dieses Mal im Spital war, suchten die Zwillinge ihren Papa immer wieder. Sie sind daran gewöhnt, dass er sich täglich für einige Zeit ins Schlafzimmer zurückzieht, und genau dorthin gingen sie oft, um nach ihm zu sehen. „Wo ist Papa?" Mir zerriss es schier das Herz.

Ich muss nicht weit schauen, um zu wissen, dass es so viele schwere Schicksale auf dieser Welt gibt. Mir ist bewusst, dass unseres nur eines von Millionen ist. Und mein Verstand sagt mir auch, dass ich am Tod meines Mannes nicht zugrunde gehen werde. Denn ich habe schon zu Beginn unserer Beziehung gelernt, mein Glück nicht von Markus abhängig zu machen. Das ist für mich überlebenswichtig.

Irgendwann wird das Leben weitergehen für mich und die Kinder.

Aber das macht das Ganze nicht weniger traurig.

MARKUS

Es ist noch einmal gut ausgegangen. Ich stelle mir oft vor, dass es für meine Umwelt viel schwieriger ist, mit meinen Krisen zurechtzukommen, als für mich selbst. Ich ziehe mich in mich selbst zurück, lese, wenn ich das noch mag, schicke meine Gedanken auf Reisen, beschäftige mich mit Fragen, für die ich sonst wenig Zeit habe.

Durch meine Familie fühle ich mich auch in schlimmen Zeiten geborgen. Ich weiß, dass Barbara alles im Griff hat, ich muss mir keine Sorgen um die Kinder machen, alles ist geregelt. Ich darf mich nur auf mich und meinen Körper konzentrieren, und darauf, wieder zu Kräften zu kommen. Ich versuche dann, das Glas halb voll zu sehen und mich auf das zu konzentrieren, für was ich dankbar sein kann. Ich genieße es, mit meiner Familie zu telefonieren und bin froh um die medizinische Versorgung, die ich bekomme. Ja, ich versuche, das Beste aus den gegebenen Umständen zu machen.

Wie alle Menschen werde ich eines Tages gehen müssen. Mir ist es wichtig, meinen Kindern vorher so viel wie möglich mitzugeben. Meine Liebe, Zuneigung und meine Zeit.

Ich wünsche mir, dass sie eine unbeschwerte Kindheit erleben dürfen, so wie ich eine hatte, trotz der Krankheit. Wann immer es ging, spielte ich mit meinen Brüdern, meinen wichtigsten Mukoviszidose-Bezugspersonen, und allen möglichen anderen Kindern des Orts draußen.

Selbst im Spital hatten wir stundenweise schöne Zeiten. Da gab es eine Kindergärtnerin, die mit uns die tollsten Sachen machte. Die Kinderstation befand sich im obersten Stock des Spitals, und von dort hatten wir eine fantastische Sicht. Es gab immer etwas zu sehen.

Besonders angetan hatte es uns der Rettungshubschrauber, der mindestens dreimal am Tag flog. Was war das spannend! Gebannt verfolgten wir die Start- und Landemanöver, folgten ihrer Flugbahn mit unseren Augen.

Bei uns war immer etwas los.

Ich hatte eine schöne Kindheit voller Liebe und Förderung. Einmal im Jahr fuhren unsere Eltern mit uns ans Mittelmeer oder nach England. In Graubünden fanden wir eine zweite Heimat, in dem Ferienhaus in Valbella fühle ich mich heute noch zu Hause.

Von dieser ersten unbeschwerten, von Liebe geprägten Zeit zehre ich noch heute. Dort wurde in mir ein extra Kraftreservepaket angelegt, davon bin ich überzeugt.

Meine Kinder sollen ebenfalls ein Zuhause haben, in dem sie sich geliebt und angenommen erleben, so wie sie sind. Ich wünsche mir, dass sie sich wertgeschätzt und sicher fühlen. Ich hoffe sehr, dass ich sie mit meiner Krankheit nicht irgendwie vorbelaste, sondern dass sie ein ganz natürliches Verhältnis zu ihr bekommen.

Ich wünsche mir, dass es uns gelingt, ihnen einen Rucksack mitzugeben, der gefüllt ist mit guten Eigenschaften für sie und die Allgemeinheit. Dass sie merken, wie wichtig und nützlich etwa Hilfsbereitschaft und Verständnis in unserem Reisegepäck sind.

Ich hoffe, dass sie sich nicht über andere Menschen definieren und sich in Gedanken nicht mit anderen vergleichen. Denn das führt leicht zu Unzufriedenheit und Neid, lauter Emotionen, die uns unglücklich machen.

Ich habe schon lange damit aufgehört, mich mit anderen zu vergleichen. Jeder Mensch ist einzigartig, es bringt nichts, uns selbst unter Stress zu setzen, weil andere dieses oder jenes besser hinbekommen als wir selbst. Das schafft Frieden und macht mich froher. So kann ich mich über die Erfolge anderer rückhaltlos freuen und sie womöglich als Inspiration für mich selbst begreifen.

Meinen Wert definiere ich schon längst nicht mehr über diesen Wettbewerb, der für unsere Gesellschaft leider so typisch ist. Und dasselbe wünsche ich meinen Kindern.

Ich möchte meinen Kindern zeigen, wie schön es ist, teilen zu können, und hoffe, dass sie das verinnerlichen. Ich möchte ihnen mitgeben, wie wichtig es ist, offene Augen für die Bedürfnisse anderer zu haben. Sich selbst nicht zu ernst zu nehmen. *Man muss Menschen mögen.*

Ich glaube, dass jeder Mensch seine ganz individuelle Aufgabe in dieser Welt hat. Das muss nichts Bahnbrechendes sein. Oftmals können wir mit dem, was vor unseren Füßen liegt, sehr viel erreichen. Hat man diese Aufgabe einmal definiert, ist es absolut erstaunlich, wie schnell man bei kleineren und größeren Entscheidungen ganz genau weiß, was zu tun ist.

Meinen Mädchen sollen Flügel wachsen. Ich hoffe, dass sie selbstständige Menschen werden, die gerne in ihr Nest zurückfliegen, wo sie von ihren Eltern geliebt werden.

Ich wünsche meinen Kindern, dass sie sich später an das viele Lachen zu Hause erinnern können. An den Spaß, den wir zusammen beim Essen hatten. Ich wünsche mir, dass sie fröhliche Menschen werden und sich und das Leben nicht zu ernst und mit Humor nehmen können.

Natürlich bin ich auch noch voller Wünsche für mich selbst. So wünsche ich mir, dass ich mit meinen Kindern und meiner Frau noch viele Familienferien verbringen darf.

Aber auch irgendwann mit Barbara wieder allein eine Reise machen kann.

Ich wünsche mir, den ersten und den letzten Schultag meiner

Töchter erleben zu dürfen, ihre Diplome mit ihnen zu feiern und sie eines Tages zum Traualtar zu führen. Ja, ich bin völlig maßlos in meinen Wünschen.

Ich freue mich auch darauf, wenn Barbaras dunkles Haar richtig grau wird, und auch auf meine ersten grauen Haare. Vielleicht sehe ich dann aus wie Richard Gere? Ich möchte mit Barbara alt werden und auch diesen Lebensabschnitt mit ihr gemeinsam genießen. Mich mit ihr streiten und wieder versöhnen.

Eine lange, breite Perspektive, das ist es, was ich mir wünsche. Doch das liegt nicht in meiner Hand. Wie bei jedem von uns.

BARBARA

Während Markus im Spital war und gegen den Infekt ankämpfte, besuchte ich, wie jeden Sonntag, den Gottesdienst. Wie immer sangen wir Lieder, und auf einmal kam mir ein sehr klares Bild von mir und meiner Situation in den Sinn.

Ich sah mich selbst vor einer hohen, unüberwindlichen und bedrohlichen Mauer, und diese Mauer bestand aus lauter Szenarien vom Schlimmstmöglichen: Szenarien von Markus' gesundheitlicher Verschlechterung, einer Lungentransplantation, seinem Tod.

Diese Mauer war so hoch und bedrohlich, dass es klar war, dass ich sie wohl nie überwinden würde. Eines Tages würde sie mich erdrücken.

Das Bild, das ich kurz, aber umso deutlicher aufleuchten sah, warf mich beinahe um. Wie in einem Zoom sah ich mich winzig klein und ganz allein vor dieser riesenhaften Mauer. Dann war es, als würde die Kamera zurückfahren und ich erkannte, dass hinter mir eine Menge ebenso hoher Mauern lagen, die ich alle bereits überwunden hatte.

Ich hörte Gott leise sagen: „Schau doch, du hast mit meiner Hilfe schon so viele Mauern überwunden. Ich werde dir auch über diese nächste Mauer helfen. Ja, ich werde deine Mauern für dich niederreißen!"

Ein Gefühl von Erleichterung und Mut kam in mir auf. Auf einmal hatte ich eine völlig neue Perspektive.

Zum einen wurde mir klar: Ich bin mit all den künftigen Herausforderungen, die Markus' Krankheit mit sich bringen wird, aber auch mit allen anderen, nicht allein auf meine eigene Kraft gestellt.

Und eine zweite Sache wurde mir deutlich: Ich habe schon so vieles überwunden, bin so weite Wege gegangen. Die Eigenschaften, die mir bei künftigen Schwierigkeiten noch abverlangt werden, muss ich nicht über Nacht aus dem Hut zaubern. Sondern ich wachse nach und nach in alles, was noch vor mir liegt, hinein.

Der Text des Liedes, das wir sangen, schien an diesem Tag wie für mich gemacht:

A love so strong it tears down walls
But lifts me up whenever I fall
A grace so firm it shields my heart
And there is shelter where you are
I've come to taste the beauty of it all
And I am overwhelmed by the power of your love

This is my Jesus, this is my Saviour
There's no one like him now or ever
Wide eyed, I'm filled with wonder
I linger in his love forever

A blazing fire burning up my pride
Illuminating the way to life
A voice that makes the mountains shake
The whisper stirring up my faith
I've come to taste the beauty of it all
And I am overwhelmed by the power of your love

You are my closest friend
My beginning and my end
My heart is set on you
Throughout the test of time
You have never left my side
Yes, I belong to you

Seither bin ich ruhiger. Ich weiß nicht, was vor uns liegt. Aber ich weiß, dass keine Hürde zu hoch für uns sein wird.

Warum sollte ich mich davor fürchten, wenn Gott mir ein Schicksal schenkt? Er weiß, was er mir zutrauen kann, besser noch als ich selbst. Denn sonst würden wir, bequem, wie wir sind, nicht wagen, über uns hinauszuwachsen.

DANKSAGUNG

Wir sind dankbar für unsere Eltern und Familien, die uns bedingungslose Liebe vorgelebt haben. Ihr habt uns auf unserem einzelnen aber auch gemeinsamen Lebensweg stets unterstützend beigestanden.

Ohne euch wären wir nicht da, wo wir heute sind!

Wir danken unseren Freunden, die uns in großer Offenheit und sehr ehrlich und authentisch vorgelebt haben, wie man eine Ehe erfolgreich führen kann. Von euch haben wir vieles gelernt.

Dankbar sind wir auch für unsere lokale Kirchengemeinde, wo wir immer wieder inspiriert werden und Hoffnung tanken.

Beate Rygiert möchten wir danken, die dieses Buch mit uns geschrieben und damit unsere Geschichte auf eine berührende Art und Weise zu Papier gebracht hat.

Dank gilt auch Dr. Lukas Graf, der sich der medizinischen Passagen angenommen und sie fachlich überprüft hat.

Wir sind dankbar für jeden Augenblick, für die Menschen, die mit uns dieses Leben in seiner ganzen Fülle mit Höhen und Tiefen begleiten. Es tut gut, gemeinsam unterwegs zu sein.

VITEN

Barbara Hänni
hat die wichtigste Entscheidung ihres Lebens schon getroffen: zu der Liebe zu ihrem Mann zu stehen und seiner Krankheit zu trotzen. Die junge Pflegefachfrau ist ein Wirbelwind und organisiert neben ihrer Arbeit als stellvertretende Stationsleiterin im Krankenhaus auch mit viel Elan den Alltag ihrer jungen Familie.

Markus Hänni
ist ein kreativer Kopf und hat Theaterstücke und Musicals geschrieben und ist auf verschiedenen Bühnen aufgetreten. Der Vater von zwei Töchtern hat es sich zum Ziel gesetzt, auf seiner Webseite *cystischefibrose.net* über seine unheilbare Krankheit Mukoviszidose zu informieren und andere Erkrankte zu ermutigen. Für ihn ist es das Schönste, jeden Tag aufs Neue sein Ja zu seiner Frau zu bekräftigen.

Die Biografie von Markus Hänni.

Gebunden · Schutzumschlag
176 Seiten · € 14,99
ISBN 978-3-942208-55-0

Markus Hänni hat Mukoviszidose. Die durchschnittliche Lebenserwartung liegt bei 30 Jahren. Eigentlich müsste er längst tot sein. Er könnte jederzeit ersticken. Wie lebt man im Angesicht des Todes? Markus Hänni kennt die Antwort. Nach einem gescheiterten Selbstmordversuch hat sich seine Sicht auf das Leben grundlegend verändert. Heute begreift er jeden Tag als Geschenk. Ein Buch voller Ermutigung und Tiefe.

Leseprobe unter www.adeo-verlag.de

Erhältlich im Buchhandel oder unter www.adeo-verlag.de

Unterwegs. Sein.

Für eine richtig gute Ehe.

Gebunden · Schutzumschlag
ca. 192 Seiten · ca. € 17,-
ISBN 978-3-86334-185-5

Verliebt, verlobt, verheiratet – ernüchtert. Nach der ersten Zeit sprühender Verliebtheit schwindet bei vielen Paaren das Hochgefühl, es gibt Streitigkeiten und Enttäuschungen. Die gute Nachricht ist: Sie können aktiv etwas dafür tun, Ihre Beziehung zu verbessern. „Das Emma-Prinzip" (**Ei**ner **mu**ss **ma**l **a**nfangen) liefert sieben praxisbewährte, psychologisch fundierte und direkt umsetzbare Anregungen für eine richtig gute Ehe.

Leseprobe unter www.adeo-verlag.de

Ab März 2018 erhältlich im Buchhandel oder unter www.adeo-verlag.de

adeo
Unterwegs. Sein.

Copyright © 2018 adeo Verlag
in der Gerth Medien GmbH, Dillerberg 1, 35614 Asslar

1. Auflage Januar 2018
Bestell-Nr. 835183
ISBN 978-3-86334-183-1

Umschlaggestaltung: Maike Michel
Umschlagmotiv: Hélène Jordi
Lektorat: Dorothea Bühler
Satz: Greiner & Reichel, Köln
Druck und Verarbeitung: GGP Media GmbH, Pößneck
Printed in Germany

www.adeo-verlag.de